日本の遺跡36

上野三碑

松田　猛　著

同成社

多胡碑

山ノ上碑（左の覆屋の中）は隣接する山ノ上古墳（右）の被葬者の墓誌とされる。

山ノ上碑

金井沢碑

目　次

カバー写真　多胡碑碑文
装丁　吉永聖児

上野三碑

はじめに

わが国の古代には、中国や朝鮮のように石碑を建てて自らの功績を誇示し、永く後世に伝えようとする意識が希薄であったようだ。そのなかにあって、高崎市山名町に所在する山ノ上碑《やまのうえひ》と金井《かない》沢碑《ざわひ》、多野郡吉井町の多胡碑《たごひ》は上野三碑《こうずけさんぴ》とよばれ、群馬県内の古代史研究にとどまらず、日本史上数少ない貴重な金石文として知られている。

このうち、多胡碑は那須国造碑《なすこくぞうひ》、多賀城碑とともに日本三古碑と称されており、これら東国の石碑には、ミヤケや評の設立の起源を記したものが多く、在地首長の記念碑として、その居宅や郡家の近くに建てられたものと考えられている。

山ノ上碑は、「佐野三家《さののみやけ》」の管掌者の子孫である放光寺の長利《ちょうり》僧が母「黒売刀自《くろめとじ》」のために記し定めた文であり、隣接する山ノ上古墳の墓誌とされていることから、古墳の被葬者が特定できるきわめて稀な資料である。ここでいう「佐野三家」は他の史料には認められず、『日本書紀』安閑天皇二（五三五）年の記事にみられる「緑野屯倉《みどののみやけ》」のような設置経緯が想定される。しかしながら、『日本書紀』によれば、ミヤケはいわゆる大化改新で部民とともに廃止されたことがみえるにもかかわらず、山ノ上碑には依然としてその動向が記されており、大化改新の評価にも大きくかかわっている。また、母系血縁の優位性を示す系譜資料として、木簡や金石文の系譜表記において山ノ上碑は欠かすことのできないものであり、古代史・考古学の分野でますますその重要性を増している。

多胡碑は、上野国の片岡郡・緑野郡・甘良郡の内から三〇〇戸を割いて、新たに多胡郡を建郡したことを明示したものである。碑文は中央の公式様文書の形式をとっているが、「弁官符」と称する文書様式は他に例がなく、その実態については諸説あり、多胡碑から令制下の公文書とその運用について考える試みもなされている。多胡郡の設置については奈良時代初頭における日本史上の地域編成の問題としてとらえることができる。さらに、碑文の「給羊」の解釈はさまざまで、そこに吉井連を賜姓された新羅人子午足の例のように渡来人の存在も想定されている。那須国造碑が評司の地位を獲得した在地豪族の譜代性の表明、告示を行っているように、多胡碑は建郡した在地豪族が中央政府・国司と結びついた関係を誇示しているのである。

　金井沢碑は群馬郡下賛郷高田里の「三家子□」が中心となり「七世父母」などのために「知識」を結ぶという、仏教を紐帯として族的結合をはかって、それを公示したものである。金井沢碑の三家氏は、地理的に近接して存在する山ノ上碑にみえる佐野三家の管掌氏族であり、物部との見方もされている。金井沢碑は山ノ上碑とともに母系血縁の優位性を示すものとされている。また、郷里制が施行されていた時期の在地資料としても重要である。

　これら三碑の書風については、冠石をもつ方柱状の碑身の多胡碑が中国六朝時代の石刻に比せられることが多いのに対して、自然石の平坦面に刻まれた山ノ上碑、金井沢碑には隷書体の特色がみてとれる古風さがあるという。自然石を用いた碑形は古代朝鮮に源流を求めることができ、中央では廃れてしまった書風が七世紀の後半以降になっても残ったこの地域の特殊性も、渡来系氏族の存在と無関係ではないだろう。

　このように、上野三碑は日本三古碑の那須国造碑、多賀城碑とともに、東国の地にありながら、前述したような古代史・考古学研究には欠かすことができない一級資料として扱われているのである。

これら個々の碑文についての研究は多岐にわたっており、江戸時代以降、数多くの人びとがかかわってきた。そのなかで、黒板勝美の研究を発展させた尾崎喜左雄によって上野三碑の研究がまとめられた。そして、一九九一（平成三）年の『群馬県史』通史編2における東野治之・関口功一の研究によって一つの到達点に達した感がある。その後、一九九九（平成十一）年に平野邦雄編『東国石文の古代史』、二〇〇五（平成十七）年には東野治之・佐藤信編『古代多胡碑と東アジア』が刊行され、個別テーマの研究も進められ、三碑研究は新たな段階に入った。

しかしながら、これまでに考古学的に上野三碑や佐野三家について言及したものはほとんどみられない。わずかに、尾崎によって山名と佐野の地域を含めた古墳について、秋池武によって多胡碑石材についての検討がなされたくらいである。

そこで、本書で検討し、明らかにした点について、あらかじめ整理しておきたい。

まず、山ノ上碑ではその内容に加えて、形態や書風から朝鮮半島の影響が認められ、でえせえじ遺跡の新羅系文様の軒丸瓦の展開などからもそのかかわりを追求した。また、截石切組積石室を採用した山ノ上古墳の墓誌であることから、佐野三家の中央との深い繋がりを明らかにし、でえせえじ遺跡と同笵の軒丸瓦の分布圏こそが佐野三家の勢力範囲ではないかと考えた。そして、佐野の地域にあると思われていた放光寺が、遺跡・遺物、ならびに史料から前橋市の山王廃寺であることを論証した。

次に、多胡碑については、法隆寺の食封である山部郷の変遷と上宮王家や蘇我氏といった中央の影響を明らかにした。また、上野国分寺文字瓦に記された郷名や氏族名から上野国分寺の修造に多胡郡が主体的にかかわったことがわかった。さらに、多胡建郡の意義について佐野三家の存在形態から検討した。

そして、金井沢碑に関しては、三家にかかわる氏族として物部・礒部・他田部が記されており、出土文字資料等から認められる物部や壬生部、額田部、秦人（部）ら多くの氏族の実態から、上宮王家や蘇我氏にかかわりの深い地域であることを明らかにした。

また、多胡碑に代表されるように、三碑の史跡指定は碑そのものの価値はもちろんであるが、その背景となる歴史を刻んできた土地とあわせてこその指定であったことを評価した。

さらに、上野三碑を理解するうえで、山部郷がかつて属していた片岡郡（評）の性格について、若田郷付近の知られざるミヤケの存在を推定し、片岡郡の立郡がミヤケを分割することを目的とした政治的な動きであったととらえることができたのである。

I　三碑の所在と七・八世紀の上野地域

群馬県は関東地方の北西部に位置し、新潟県・福島県と接する県北部、長野県と接する県西部は主として山地であり、県中央部から栃木県・埼玉県と接する県東部にかけては平野である。県の中央を南に流れる利根川は高崎市で南東に向きを変えるが、その付近で西の山地から発する烏川、碓氷川、鏑川といった支流が流れ込んでいる。これらのうち、高崎市を東南流する烏川に甘楽の谷を蛇行しながら東流した鏑川が合流する地点において、三角形に突出した観音山丘陵の南端近く、柳沢川が形成した谷に南面した丘陵上に山ノ上碑があり、その北西一キロ余先の谷筋に金井沢碑が存在する。また、多胡碑は鏑川右岸の吉井町の低位段丘上にある集落のなかの杜に建てられている。

群馬県地域は古墳時代には上毛野《かみつけの》とよばれ、その質と量ともに東国随一の古墳が築造された地域であった。一九三五（昭和十）年、県下一斉に古墳の分布調査が行われ、八四二三基が調べられ『上毛《じょうもう》古墳綜覧』にまとめられた。その後の発掘調査等によって新たに明らかになったものもあり、今後さらにみつかるものもあるとすれば、上毛野でつくられた古墳は一万基をはるかに超える

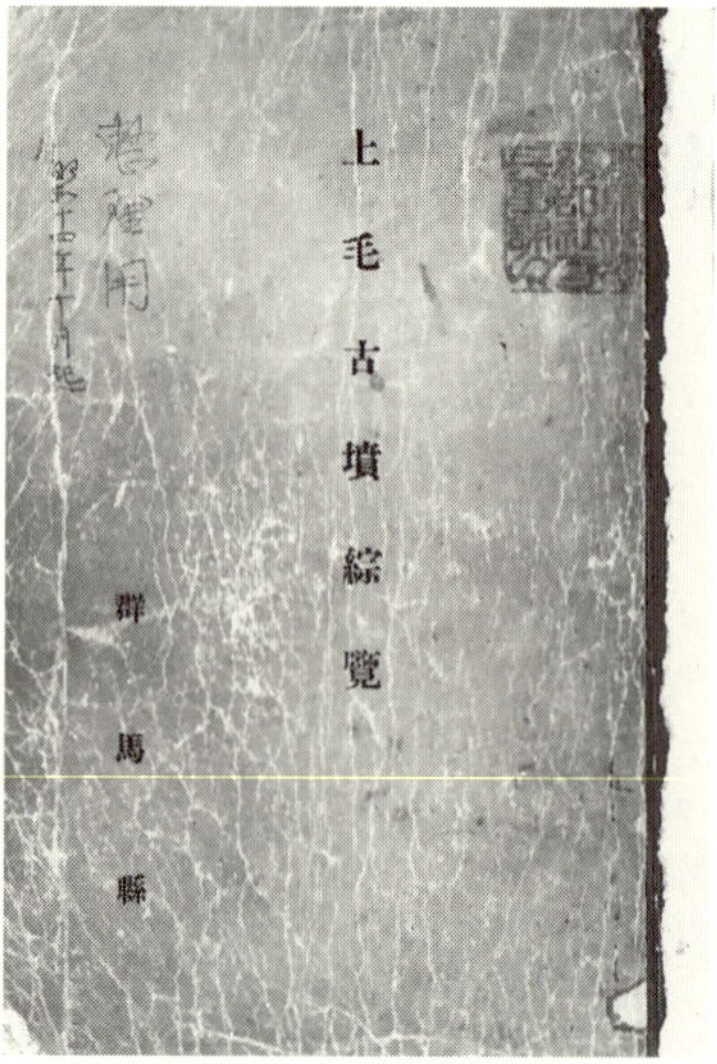

図１　『上毛古墳綜覧』

数字になると思われる。

かつては、毛野という地域が分かれて上毛野国、下毛野国となったと考えられてきたが、最近では古墳の研究から、もともと上毛野という地域があって、それに対してのよび方として下毛野という呼称が生まれたものと考えられるようになった。

この地域において大きな勢力を誇ったのが上毛野氏であり、大和政権内においてもその地位を占めるようになり、対外交渉や、対蝦夷の東北経営にかかわるようになっていった。上毛野氏の遠祖荒田別が神功皇后のときに新羅を討つ将軍として海を渡り、その子の竹葉瀬、田道の兄弟が仁徳朝に新羅に遣わされ、田道が大いに新羅を破ったという。また、天智朝には上毛野稚子が朝鮮半島に出兵した前将軍の一人としてその名がみえてい

図２　高塚古墳出土武人埴輪

る。このように、上毛野氏は朝鮮半島と深いかかわりがあった。そして、田道はまた蝦夷征討にも加わり、欽明朝にその任にあたった将軍として上毛野君形名が挙げられている。さらに、『日本書紀』編纂に携わった上毛野君三千がいる。高崎市の観音山古墳の副葬品に認められる朝鮮半島の大きな影響や、群馬の石舞台古墳とも称される巨石巨室の石室をもつ観音塚古墳の仏教文化を示す遺物から、法隆寺等を通した中央との密接なかかわりを読み取ることができる。

六世紀前半、『日本書紀』安閑天皇二（五三五）年五月には上毛野国に緑野屯倉が設置されている。これは、その前年に武蔵国造の地位をめぐる争いの結果として、紛争に介入した上毛野勢力に対する懲罰と、この勢力を監視する戦略拠点として打ち込まれた楔であると考えられている。東国に進出する大和政権が、東国において強大な上毛野の勢力とその影響下にあった武蔵の勢力を圧倒していく過程が、ミヤケの設置と重なっているのである。

大化改新によって、地方には評（後の郡）が置かれることになったが、その施行状況は明らかではない。藤原宮跡出土木簡に「上毛野国車評桃井里大贄鮎」と記されたものがあり、その一端を知ることができる。しかし、評の設置についてては孝徳朝に全国一斉に置かれたとする説

図 3　上野国分寺跡出土「勾舎人□」銘瓦　緑野屯倉設置の前月には勾舎人部、勾靫部を置く記事が見える。

や、七世紀後半に徐々に置かれていったという説があり、その時期を特定することはできない。天武・持統朝頃には評の設置が進んだようである。これまでに、上毛野国内で出土木簡から知られる評は、車評（群馬郡）、大荒城評（邑楽郡）、碓日評（碓氷郡）、佐為評（佐位郡）などである。

八世紀以降には上野国とよばれ、和銅四（七一一）年に多胡郡が建郡されて上野国内の郡の数は一四を数え、国の等級でいえば上国であった。東山道に属し、都からみれば、信濃国を抜けて上野国に入り、その駅路は坂本・野後・群馬・佐位・新田の駅家を経て下野国に至る。また、新田駅から支路を南下すると武蔵国府に通じていた。新田駅はさしずめ現代の高速道路のジャンクションのようであったと考えられる。この東山道駅路に沿って、上野国内には群馬郡に山王廃寺、佐位郡に上植木廃寺、新田郡に寺井廃寺と白鳳期の寺院が建立されたのである。

令制下の碓氷峠を越えて碓氷郡に入る東山道駅路とは別に南の鏑川沿いの甘楽の谷を通過するルートが早くから開かれていたことは多くの遺跡からも知られ、富岡市の上丹生屋敷山遺跡の弥生時代後期の環濠集落や古墳時代中期の鉄鋌や鍛冶関連遺物が出土した集落の形成や、吉井町矢田遺跡の七世紀代集落の実態も解明されてきた。さらに、上野国一宮で経津主を祀る貫前神社が内山峠を越えて信濃から入ってきた地点に鎮座していることは、大和勢力の上毛野への侵入経路を示すものである。出土文字資料等からも明らかなように、県西部において物部の広範囲な分布が認められ、とくに多胡郡域で物部が濃密であることから、山ノ上碑に記された佐野三家とのかかわりも指摘されている。

ところで、東国への渡来人、あるいは渡来文化

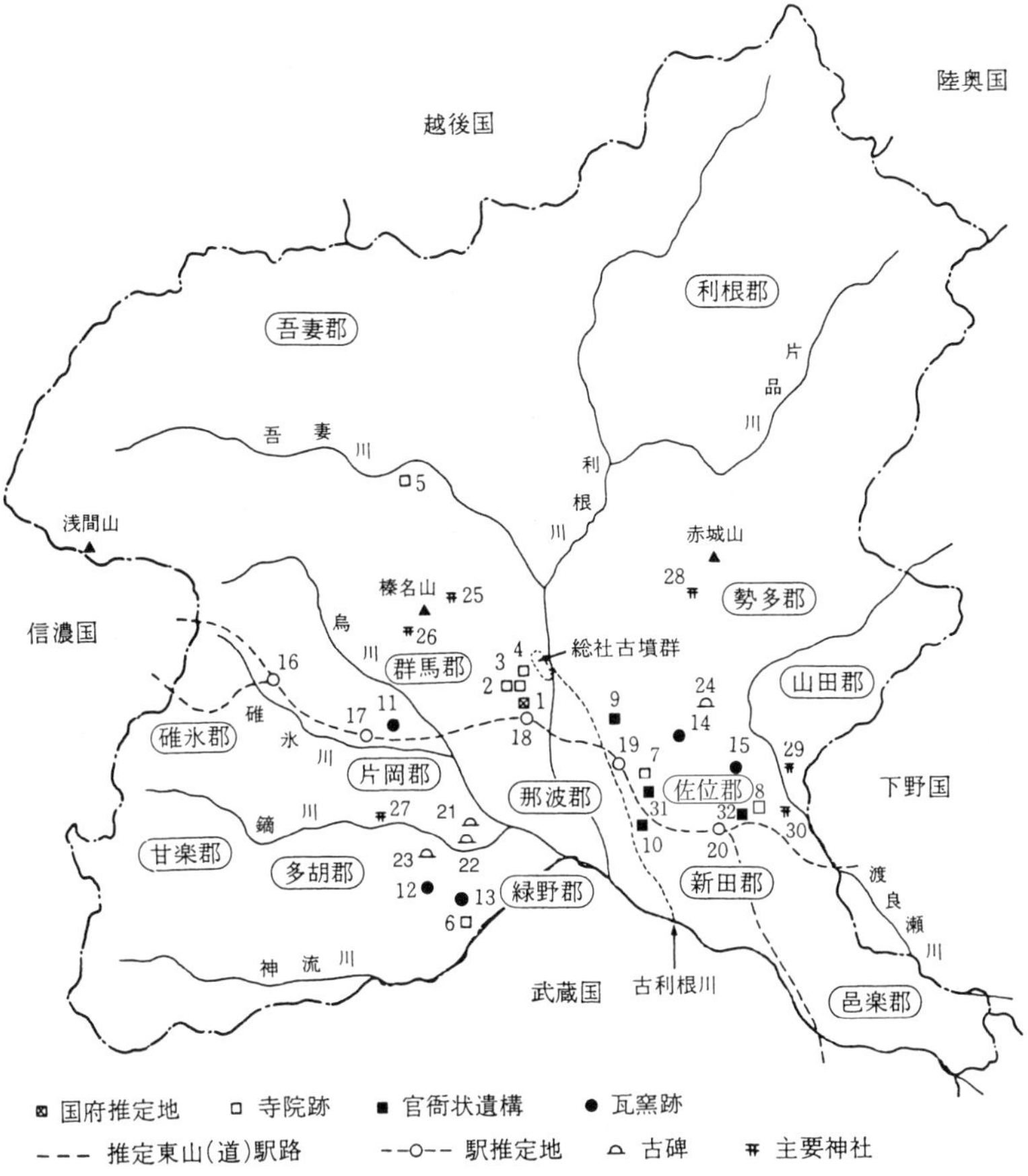

1　国府推定地、2　国分僧寺、3　国分尼寺、4　山王廃寺、5　金井廃寺、6　緑野寺、7　上植木廃寺、8　寺井廃寺、9　上西原遺跡、10　十三宝塚遺跡、11　秋間古窯跡群、12　吉井古窯跡群、13　藤岡古窯跡群、14　雷電山古窯跡群、15　笠懸古窯跡群、16　坂本駅、17　野後駅、18　群馬駅、19　佐位駅、20　新田駅、21　**金井沢碑**、22　**山ノ上碑**、23　**多胡碑**、24　山上多重塔、25　伊香保神社、26　榛名神社、27　貫前神社、28　赤城神社、29　美和神社、30　賀茂神社、31　三軒家遺跡、32　天良七堂遺跡

図4　群馬県の古代遺跡位置

の移入は、七世紀後半の東アジアの動向と密接にかかわっている。高句麗は隋唐による度重なる侵攻に耐えてきたが、朝鮮半島では新羅と結んだ唐の前に、六六三年に百済が滅亡し、六六八年には高句麗が滅亡するという大きな変動があった。そして、ついには唐と新羅が対立するに至った。これによって、百済・高句麗、そして新羅系の王族・貴族を含む多くの人びとが日本に渡来したのである。そのうち東国に安置された人びとも多かった。これの大規模なものは、霊亀二（七一六）年の武蔵国高麗郡の建郡で、東国各地に配されていた一七九九人の高句麗系渡来人を武蔵国に移して高麗郡を置いたのである。また、武蔵国新羅郡の建郡は、帰化新羅僧三二人、尼二人、男一九人、女二一人を武蔵国の閑地に移して新羅郡を置いたものである。このなかに新羅僧が認められるように、文化的に高い知識や技術を身に付けた人びとが東国の各地に配置されたことがうかがえ、渡来系の人びとが七世紀後半の地方豪族らに与えた文化的影響は計り知れないものがあったであろう。豪族たち自らの支配権の維持・拡充のために、大陸の最新の知識や技術が、積極的に受容されたのである。多胡郡域で顕著にみられる、窯業や絹・織物生産などは渡来人の技術指導のもとに進められたのであろう。

さて、中国に起源をもつ碑を建てるということは、日本においてはあまり盛んではなかったようで、現存する奈良時代までの碑は十一例あり、記録の上のみでその存在がわかるものを加えても十数例しか知られていない。群馬県に所在する山ノ上碑、多胡碑、金井沢碑の上野三碑以外では、京都府の宇治橋断碑（六四六年）、栃木県の那須国造碑（七〇〇年）、奈良県の元明天皇陵碑（七二一年）、徳島県の阿波国造碑（七二三年）、宮城県

告示

◉内務省告示第三十八號

史蹟名勝天然紀念物保存法第一條ニ依リ左ノ通指定ス

大正十年三月三日　内務大臣　床次竹二郎

第一類

種別	名稱	道府縣	郡	町村	區域
史蹟	水城阯	福岡	筑紫	水城	大字國分字衣掛、大字水城字丸山、八反田大字吉松字土居、星ケ浦
		同	同	大野	大字下大利字土井脇、堀田、下松尾、松尾

（圖面ノ通）

（中略）

種別	名稱	地名	地番	地目	地積	所有者
史蹟	和田岬砲臺	兵庫縣神戸市兵庫港地方和田岬	一ノ四	雜種地	[illegible]	三菱造船株式會社

（中略）

同	多胡碑	群馬縣多野郡吉井町大字池村字御門	一〇九五	多胡碑域内	、一四二七	國
		同	一〇九六	同	、二〇三	
同	山上碑及古墳	同縣同郡八幡村大字山名字山神谷	二一〇四	堂宇敷地	、〇八一〇	
同	金井澤碑	同縣同郡同村大字金井澤	二三四四	金井澤碑域内	、〇二一〇	

（後略）

◉文化財保護委員会告示第四十八号

文化財保護法の一部を改正する法律（昭和二十九年法律第百三十一号）による改正前の文化財保護法（昭和二十五年法律第二百十四号）第六十九条第二項の規定により、昭和二十九年三月二十日付をもつて、左記の史跡を特別史跡に、名勝を特別名勝に、天然記念物を特別天然記念物にそれぞれ指定した。

昭和二十九年十月五日　文化財保護委員会委員長　高橋誠一郎

種別	名称	指定告示	所在地
史跡	大谷磨崖仏	大正十五年内務省告示第十九号	栃木県河内郡城山村
同	旧閑谷学校 附椿山・石門・津田永忠宅跡及び黄葉亭	大正十一年内務省告示第四十九号	岡山県和気郡伊里村
同	基肄（椽）城跡	昭和十二年文部省告示第四百三十二号	佐賀県三養基郡基山町 福岡県筑紫郡山口村、同筑紫村
同	多胡碑	大正十年文部省告示第三十八号	群馬県多野郡吉井町
同	山上碑及び古墳	大正十年文部省告示第三十八号	群馬県多野郡八幡村
同	金井沢碑	大正十年文部省告示第三十八号	群馬県多野郡八幡村
名勝	龍安寺方丈庭園	大正十三年内務省告示第七百七十七号	京都府京都市
同	金地院庭園	昭和十八年文部省告示第五十四号	京都府京都市
天然記念物	屋久島杉原始林	大正十三年文部省告示第七百七十七号	鹿児島県熊毛郡下屋久村、同上屋久村

図5　三碑の官報告示（上：史跡指定時、下：特別史跡指定時）

の多賀城碑（七六二年）などである。

日本三古碑の多胡碑、那須国造碑、多賀城碑などの古代の基本資料である碑が、辺境の地である東国の地によく残っていたといえる。ことに、山ノ上碑、多胡碑、金井沢碑の上野三碑は、いずれも多胡郡域に存在し、古代の稀有な金石文が上野国のこのような狭い範囲でまとまってみつかっていることは大いに注目されるのである。以下、上野三碑について、山ノ上碑、多胡碑、金井沢碑の順に詳しくみていきたい。

II　山ノ上碑——ミヤケにかかわる古墳の墓誌

1　山ノ上碑の建立と佐野三家

(一) 県内最古の碑

山ノ上碑は、高崎市山名町の柳沢川がつくる谷に南面する丘陵頂部を削った場所にあり、長い石段を登ってようやく目にすることができる。これに接して東側には山ノ上古墳が存在し、両者は密接な関連をもつとみられている。山ノ上碑は一九二一（大正十）年に山ノ上古墳とともに「山上碑及古墳」として史跡に指定され、一九五四（昭和二十九）年には特別史跡となった。多胡碑、金井沢碑とともに群馬県で最初の史跡指定である。指定名称は山上碑であるが本書では一般的な呼称である「山ノ上碑」を用いることとする。

高崎市教育委員会による覆屋建設に先立つ発掘調査で、山ノ上碑は天明三（一七八三）年の浅間山噴火による浅間山A軽石の降下以後に現在の場所に設置されたことが明らかになった。しかし、重量のある碑石を遠方から移動させて現位置に運び上げたとは考えにくく、近くにあった碑を近世以降に動かしたと考えるのが妥当であろう。

図6　山ノ上碑の所在地景観

碑身は輝石安山岩の自然石で、台石も輝石安山岩、上部にはめ込む穴が穿たれている。尾崎喜左雄は石材の供給源として榛名山、霧積山、妙義山の可能性を挙げているが、秋池武は山ノ上碑と金井沢碑に使用された輝石安山岩の採石地は、秋間層を中心とした岩野谷丘陵を第一として、次いで両碑に近い鏑川流域と考えている。

碑文は、四行、五三字で楷書体の丸彫りである。高さは一一二センチ、幅は四七センチ、厚さは五二センチである。当時、前橋市の宝塔山古墳の家形石棺や山王廃寺の塔心柱の根巻石《ねまきいし》にみられる硬い安山岩を加工する精緻な技法が確立されているにもかかわらず、自然石を用いているのである。これは後でみるように古代朝鮮の影響が考えられるのかもしれない。

山ノ上碑の銘文は漢字を並べて和文を表記したものであり、その全文は次のようである。

辛己歳集月三日記
佐野三家定賜健守命孫黒売刀自此
新川臣児斯多々弥足尼孫大児臣娶生児
長利僧母為記定文也　放光寺僧

これを『群馬県史』によって読み下すと、

辛己（巳）歳、集（十）月三日記す。佐野の三家を定め賜える健守命の孫黒売刀自、此の新川臣の児斯多々弥足尼の孫大児臣に娶ぎ生める児長利僧、母の為に記し定むる文也。放光寺の僧

となる。山ノ上碑は佐野三家の子孫である黒売刀自と長利の母子の系譜を述べており、古系譜研究の資料としても貴重なもので、隣接する山ノ上古墳に葬られた黒売刀自の墓誌として建てられたのである。

　このうち、「辛己歳」については、己と巳は古代の史料では相互に通用することから辛巳歳としてよく、碑文の表記方法や仏教の地方への普及の状況などからみて、天武天皇十（六八一）年と考えられている。これまで、山ノ上碑と山ノ上古墳の成立をほぼ同時期と考え、古墳の実年代決定の基準資料とされてきたが、造墓と建碑には時間的な差があり、七世紀の中頃に山ノ上古墳が造営され、その後時期を隔てて碑が建立されたとする見方が一般的になってきた。このことから、黒売刀自は山ノ上古墳に追葬されたものと考えられている。

　つづいて、「集月」の集であるが、その音が「十」に通じることから十月と考えられている。また、拾月の「拾」も「ひろい集める」の意で「集」に通じるという考えもあり、十月としてよいであろう。

　「辛己歳集月三日記」のように「年月日＋記」という日付の記し方は、古くは埼玉稲荷山古墳出

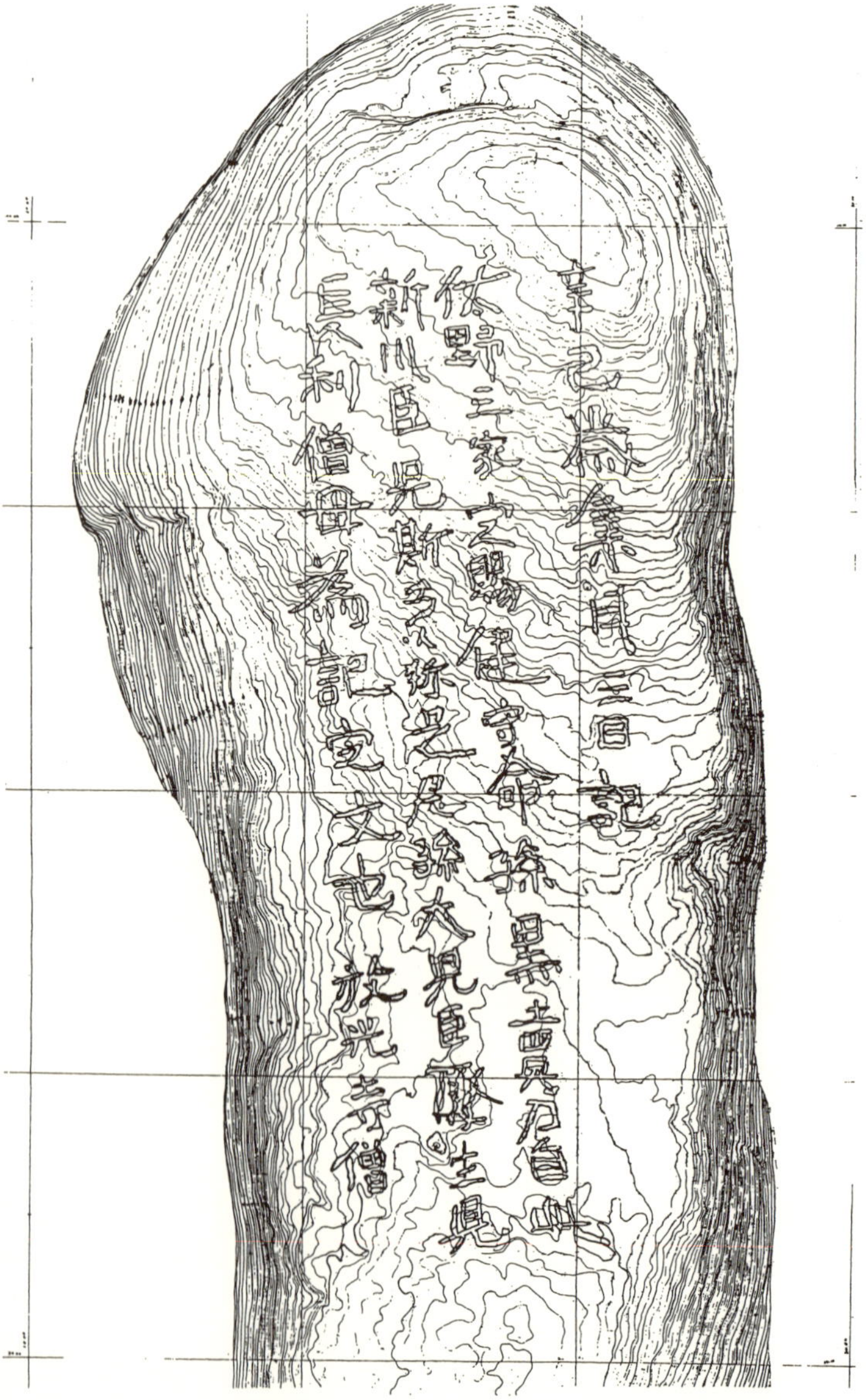

図７　山ノ上碑の写真実測図

土の鉄剣銘に例があるほか、法隆寺献納宝物菩薩半跏像台座銘（六六六年）、野中寺弥勒菩薩像台座（六六六年）などの七世紀後半の金石文にみられる。また、同時期の木簡にも記されていることから、「辛己歳」は通説のとおり六八一年と考えられるであろう。

(二)「佐野三家」

碑文中の「佐野三家」については、大化前代に佐野（高崎市）の地に設置された朝廷のミヤケとみられ、『日本書紀』では「屯倉」と表記されるもので、大和王権の直轄領ともいうべきものである。県内で知られる屯倉に緑野屯倉がある。これは、安閑天皇元（五三四）年の条に、武蔵国造の笠原直使主と同族の小杵が武蔵国造の地位をめぐって争ったことが記されており、それを受けて出てくるものである。小杵は密かに上毛野君小熊に助けを求めて使主の殺害を謀ったが、それに気づいた使主は本国を逃げ出して大和の大王のもとに走り、事情を奏上して援助と裁断を乞うた。朝廷では使主の奏言を容れて、彼を正式の国造に任命し、小杵を誅伐した。そこで、使主は朝廷に南武蔵を中心とする四カ所の屯倉を献上した、というものである。その翌年には、上毛野国内に緑野屯倉が置かれた。紛争に介入した上毛野君氏に対する懲罰と、この勢力を監視する戦略拠点としてミヤケを設置したと考えられている。山ノ上碑にみえる佐野三家もこうした流れのなかでとらえられるものであろう。また、若狭国関係の木簡に「三家」姓が多数認められ、若狭国にミヤケが設置されていた傍証とされていることはよく知られている。後述するように、金井沢碑にも「三家」姓の人名が刻まれている。

尾崎喜左雄は「黒売刀自」を健守命の孫と考

図８　佐野の景観

え、それからさかのぼって「佐野三家」の設定を『日本書紀』に記された推古天皇十五（六〇七）年の「国ごとに屯倉を置く」という全国的なミヤケの設置記事に対応するものであると考えた。この理解が通説となっていたが、東野治之は『群馬県史』で、この「孫」を子孫という意味に解すべきであることを述べており、より当を得たものと考えられる。ミヤケは大化改新で廃止されたとあるが、尾崎は佐野三家ではその名誉を保持して、従前通りミヤケを称し、一種の族称として使用していたものと考えた。中央の政策が一斉に遂行されたわけではなかったものとみられる。

「新川臣」「大児臣」については、どちらも旧勢多郡の桐生市新里町に新川、前橋市大胡町に大胡の地名が残っており、町内にはそれぞれ中塚古墳、堀越古墳という山ノ上古墳に後出する類似の終末期の截石切組積石室をもつ古墳がある。この

図９　佐野舟橋の錦絵（葛飾北斎「かうつけ佐野ふなはしのこづ」）

ことから、新川、大児を地名とみて、それをウジ名として付近に居住した在地の有力豪族とする尾崎の魅力的な解釈が一般的である。しかし、関口裕子や東野らが指摘するように、山ノ上碑の他の人名が個人名であることから「新川」「大児」も個人名とみるべきであり、ここで用いられている臣はカバネではなく、「斯多々弥足尼」の足尼とともに個人名につける尊称であるとの考えが示されている。

「長利僧」の長利は、寺を統括する僧職としての長吏の音通とみる考えもあるが、系譜上の人名が個人名であることから、これも僧の名と考えられる。

これまで、山ノ上碑に認められる「放光寺」は高崎市の佐野の地にあったものと推定されていたが、前橋市の白鳳期の寺院である山王廃寺跡から「放光寺」と記された瓦が出土し、その存続時期や豊富な出土遺物等から、山王廃寺こそが長利の住した放光寺であり、上野国司交替の際の引継文書である「上野国交替実録帳」にみられる定額寺の寺格をもつ放光寺であることが確実視されるようになった。このことについては後で詳述したい。

ところで、尾崎は佐野三家の範囲について、金井沢碑にみえる群馬郡下賛郷高田里と『和名類聚抄』の片岡郡佐没郷、群馬郡小野郷、緑野郡小野郷、「上野国交替実録帳」の群馬郡小野郷などの史料から、「高崎市の上佐野町・下佐野町・倉賀野町・根小屋町・山名町、藤岡市の中・森新田・中島を含む地域」を想定した。上佐野・下佐野の地は佐野の名をとどめており、佐野三家の本貫の地とされている。ここから烏川を挟んで対岸の根小屋方面への行き来には、『万葉集』に、「上毛野佐野の舟橋取り放し親はさくれど吾はさかるがへ（巻十四、三四二〇）」と詠われたように、両岸を結ぶ舟橋を用いていたのであり、河川渡河点という交通の要衝であった。また、その南方の山名を中心とするあたりは、烏川と鏑川の合流地点に緑野郡を流れてきた鮎川も注ぎ込んでくる複雑な地形であり、しばしば流路の変更があった場所とみられる。

佐野三家の者がその勢力範囲を出た地域に墳墓を営むということは考えにくく、山ノ上古墳と山ノ上碑が存在する山部郷の地域はやはり佐野三家の勢力範囲であろう。山ノ上古墳が築造された頃はまだ片岡郡（評）は存在せず、その成立以後も依然として強大な勢力を背景に、山ノ上古墳の傍らに山ノ上碑を建立することができたのであろう。そして、通常の墓誌として墓に納めるのではなく、衆目に触れるようにして、かつての名誉を誇示し、佐野三家の系譜を周知させたとみられるところに、ミヤケの停廃が進められた当時のミヤケを取り巻く状況も読み取ることができるのではないだろうか。

(三) 墓誌としての山ノ上碑

山ノ上碑に記された系譜については、義江明子や東野によって検討がなされている。黒売刀自と長利親子の系譜を述べたもので、その記載方式は『上宮記』逸文の継体天皇の系譜などの記紀以前の古い記録にみえるものと同じである。内容的には長利の父方と母方をたどった両属系譜の性格を備えているが、その父方と母方の始祖からの族長位継承を示す一系系譜であるという両者の組み合わせによる系譜である。始祖からの一系系譜は血縁関係よりも、ある人物がその政治的、社会的地位をいかに継承してきたかを示すためのものとされており、ここでは佐野三家の治定者である健守命と新川臣（あるいは斯多々弥足尼）が黒売刀自と大児臣からみた始祖と位置づけられていたのである。

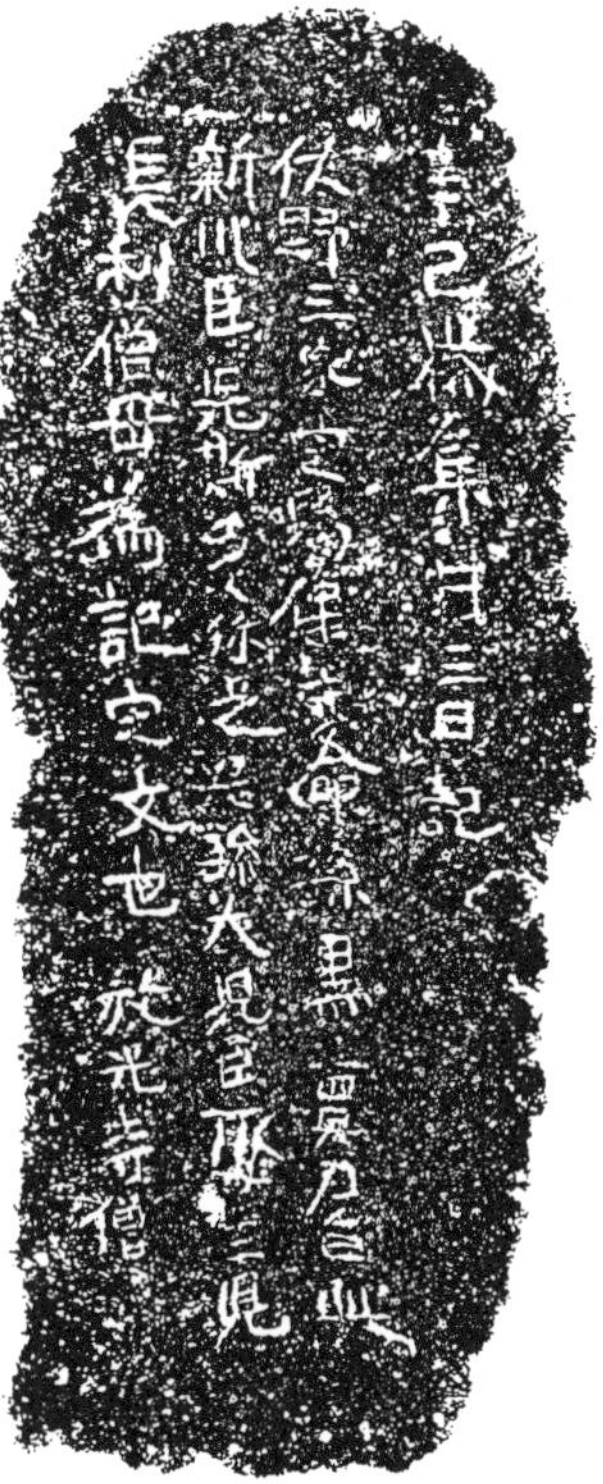

図10　山ノ上碑の拓本

長利の系譜を記すのに、母方を先に挙げている点も特徴である。関口裕子のようにこの点に着目し、系譜から当時の社会における母系の優位を読み取ろうとする説も出されている。しかし、この碑文は母のため

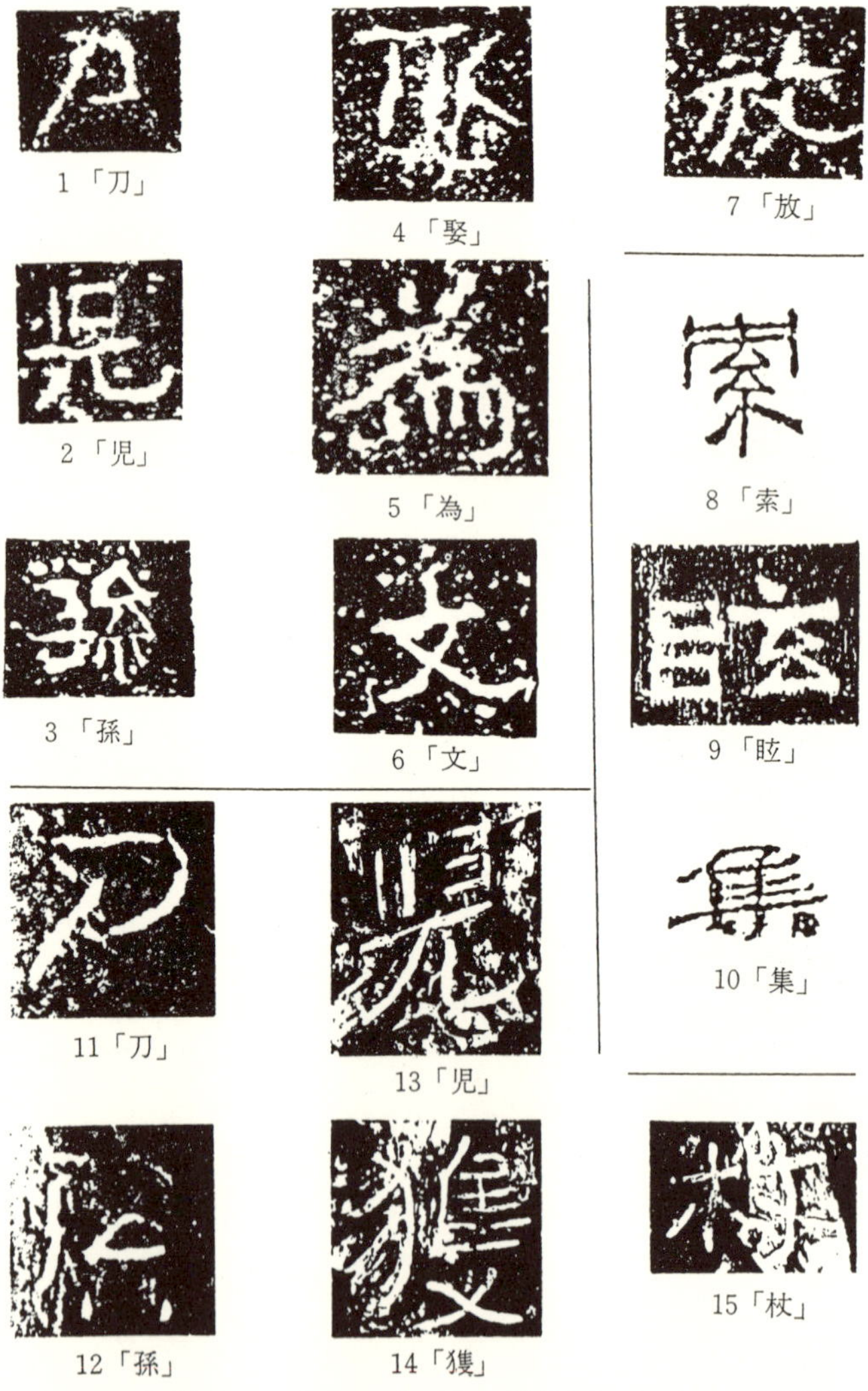

1～7 山ノ上碑拓本、8 敦煌漢簡(佐野光一『木簡字典』より)、9 劉懐民墓誌（宋、大明8年〈464〉）より、10 居延漢簡(同8)、11･12 江田船山古墳大刀銘(末永雅雄『日本上代の武器』より)、13～15 稲荷山古墳鉄剣銘(埼玉県さきたま資料館提供)

図11 山ノ上碑の書風

に、始祖である健守命との関係を明示する目的でつくられたものであるから、黒売刀自の系譜が前面に掲げられるのは当然であり、一般的な系譜とはいえない面をもっているのである。

碑文は古系譜を記しているが、完全な和文である。このような文章の存在を上野国の地方性からきていると考えるのは正しくないであろう。近年出土数が増えている木簡には、このような和文で記されているものが少なくないのである。平城京跡の長屋王邸出土木簡に和文を漢字表記したものがあり、八世紀初頭の中央においても、文章がつづられていたことがわかる。長屋王家木簡にはこのような和文の文書がしばしばみられ、当時日常的に広くこうした文体による表現が行われていたとみられるのである。

この碑の書には、天武朝頃のものとは思われないほど、古風な様式が残されているという。東野によると、たとえば「孫」の字について、三角形を二つ積み重ねたような「糸」の形は、隷書で書かれた漢代の木簡や隷法の残る宋の劉懐民墓誌などにもみられ、隷書の筆法からきていると考えられるという。この他にも、隷書的特徴の表れている箇所として、「集」の字形は漢代の木簡にみえ、敦煌の古写経にも類似の形で受け継がれている。「文」は第一画がほぼ垂直に引かれており、「放」の旁の第四画は水平に近く右に抜かれていて隷書の磔法の気分をよく残している。「娶」の女画が極端に小さく、「為」の烈火が著しく大きいといった字形の不均衡も古い字体の特色の一つであるという。山ノ上碑の書風に近い金石文等を挙げると、石上神宮の七支刀銘や江田船山古墳出土の大刀銘、埼玉稲荷山古墳出土の鉄剣銘があり、四、五世紀の製作と考えられるもので、書風は七支刀が篆書的であるほかは、隷書・楷書の中間的な書である。山ノ上碑の「孫」「刀」と江田船山古墳大刀のもの、山ノ上碑の「児」と埼玉稲荷山古墳鉄剣銘の「児」、山ノ上碑の「放」の磔法と埼玉稲荷山古墳鉄剣銘の「獲」「杖」の磔法の類似が指摘されている。

七世紀後半の日本の書について東野は、中国南北朝ごろの古い様式をもつものが大部分であるという。山ノ上碑の書はそのなかでもとくに古い特色を備えたものといえる。四、五世紀の金石文にみえる古い書風は、中国の漢や魏のころの書風が朝鮮半島を経て伝えられた結果と考えられ、七世紀後半の畿内周辺の金石文等ではほとんどみられなくなってしまう。上毛野地域にはかなり早く、古い書風で文字を書く技術が伝えられ、それが七世紀後半まで守られてきたと解すことができるという。このような古い書風で文字を書く技術は、後述するように窯業生産や絹織物等の技術と一緒に渡来人によって早く伝えられ、それが七世紀後半まで受け継がれてきたと考えることもできるであろう。

自然石を用いた碑は、中国では例をみないが、古代朝鮮では統一新羅時代に至るまで多くの例がある。新羅の真興王巡狩碑のなかの昌寧碑や南山新城碑などは代表例であり、山ノ上碑や金井沢碑の形態もこのような朝鮮の古碑に起源を求めるべきであろう。これに関して、『続日本紀』天平神護二（七六五）年五月条に新羅人子午足らに対する賜姓記事があり、上野国内にも新羅人が定住していたことがわかる。正倉院宝物の庸布墨書銘にも多胡郡に新羅系の氏族である秦人がみえており、山ノ上碑はそれらの人びとがもたらした文化の影響を具体的に示しているのである。

山ノ上古墳と山ノ上碑との関係を考える上で参考になるのが、高句麗好太王碑（広開土王碑）である。中国の東北地方、現在の遼寧省桓仁付近で建国された高句麗は、王都を鴨緑江流域の吉林省集安に移し、第十九代好太王（広開土王）の時（在位三九一～四一二年）に遼東地方から朝鮮半島中部にまで領土を拡大し、全盛期を迎えた。その子、長寿王は四一四年に好太王の偉業を顕彰するために碑を建てたのである。その後、現在の朝鮮民主主義人民共和国の平壌に遷都した。好太王碑のある集安には太王陵や将軍塚、千秋塚などの王族・貴族の陵墓がある。また、国都の平地城である国内城と山城の丸都山城がある。これらは初期の国都桓仁にある山城の五女山城と、平壌にある中・後期の壁画古墳である王族・貴族の陵墓群とともに、二〇〇四年に世界遺産に登録された。

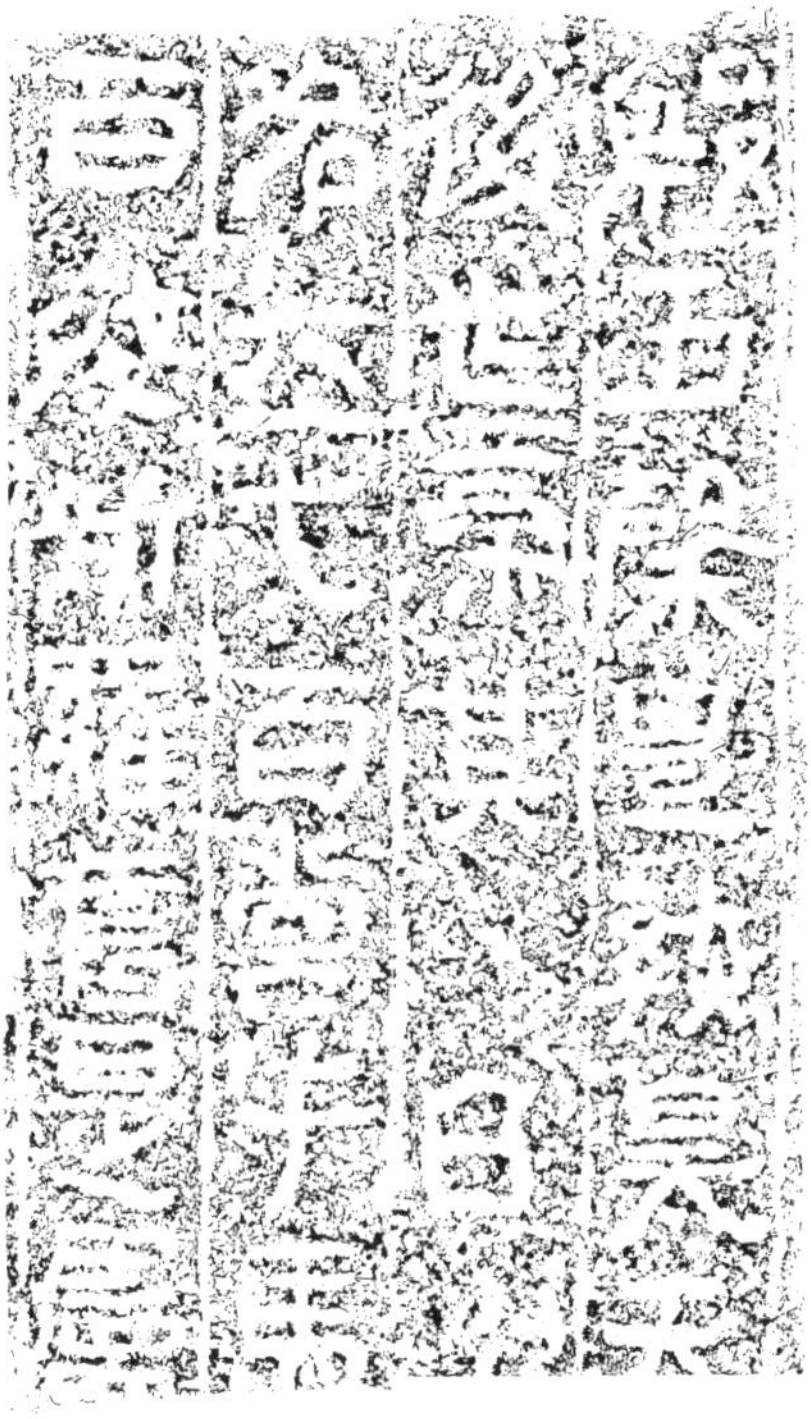

図12　好太王碑の拓本（部分）（1/16）
四行目には百残（百済）、新羅の文字が見える。

　好太王碑の内容は大きく三つの部分からなり、まず始祖の鄒牟王の誕生から好太王の登場、そして死にいたるまでを述べた部分、次に本論である好太王の事績の対外遠征活動を年次別に述べた部分、そして墓守に対する規定の部分である。

　好太王碑は集安中心部から東北方向約四キロにあり、太王陵にとも

図13　好太王碑（右の覆屋内）と太王陵（左の小山）

なう墓誌と考えられている。これまで好太王の陵については、古墳出土瓦の年代観等から太王陵か将軍塚との見方がされてきた。王陵の墳頂部では、瓦が多量に認められることから、祭祀施設があったものと考えられている。太王陵は、禹山南麓の台地上に位置し、北東二〇〇《メートル》に好太王碑がある。また、将軍塚は集安市を眺望できる岡の上に築かれ、好太王碑まで約一六〇〇《メートル》の距離があり、やや離れすぎているようである。世界遺産登録を目指した中国政府の分布調査や発掘調査によって多くの墳墓の内容が明らかになってきた。この調査で、太王陵から「辛卯年　好大王　□造鈴　九十六」の銘文が刻まれた銅鈴が金銅製の装飾三〇余点といっしょに出土した。好太王が辛卯年（三九一年）につくった九十六番目の鈴という意味かと思われるが、これによって太王陵こそが好太王陵であると考えられるようになったのである。ただし、ここでは深く言及しないが、これについてまったく疑問がないわけではない。韓国慶州市の古墳から出土した青銅製の容器の裏底に「乙卯年国　岡上広開　土地好太　王壺杅十」と四行にわたって陽刻されたものとの比較から、好太王とのみ記されるのは不遜ではないかとか、死後に付けられる諡号が用いられているのはおかしいのではないか、あるいは辛卯年を六十年下らせて四五一年とみた場合、どうして王の死から三十九年もたってつくられたのかといった疑問があげられている。

ところで、数年前までは密集した住宅地に好太王碑と太王陵は埋没していたが、世界遺産登録にともない、周辺の民家をすべて移転させてしまったのには驚かされた。それによって、遮るものがなくなると参道で通じる両者が近接して配置されていることが実感でき、好太王碑は太王陵の墓誌であることがあらためて認識された。しかしながら、せっかく古墳と碑を遮るものがなくなったはずなのに、植栽を施したことによって、碑から太王陵が直接臨みにくくなっているのが残念である。このような古墳とその墓誌という形が山ノ上古墳と山ノ上碑との間にも認められるのである。

2　山ノ上古墳と古代寺院

(一)　山ノ上古墳の石室

山ノ上碑に隣接してある山ノ上古墳は、山ノ上碑とともに国の特別史跡に指定されている。いわゆる截石《きりいし》切組積《きりくみづみ》とよばれる石材加工と積み方をした横穴式石室を群馬県内で最初に採用した古墳である。これは、その形状が鋭利な刃物で絶ち截ったようであることと、積み上げた石材相互の角をL字状にかき取って組み合わせるやり方である。

図14　解体修理時の山ノ上古墳石室

一九三八（昭和十三）年に県内の古墳の状況をまとめた『上毛古墳綜覧』によれば、当時この地域は緑野郡八幡村であり、古墳の分布は山名に集中し、阿久津、田端、根小屋（いずれも高崎市）にはほとんど認められない。そして、山名の古墳群は西方の吉井町岩井にも広がっていて、さらには、まばらではあるが山名から吉井町馬庭にかけて古墳が連続してつくられている様子がうかがえる。かつては馬庭地区の周辺に多くの古墳が存在していたが、早い時期の耕地整理によってその多くは消滅してしまった。山名古墳群の山名原口Ⅱ遺跡2号墳は、鏑川対岸に所在する六世紀末頃に築造された藤岡市の伊勢塚古墳の石室に顕著に認められるような模様積を取り入れており、その関連が認められる。また、山名原口Ⅰ遺跡1号墳には截石が用いられている。山ノ上古墳は丘陵上にあり、同時期の集落や山名古墳群がある平地部からは離れた場所にある。このような占地について右島和夫は、生活域、生産域、一般墓域から隔絶した地に意図的に墓地を選定している可能性が強いとし、このことは、大和盆地の終末期の有力古墳にみられる占地形態に連なるものと考え、中国唐代王陵の占地思想からの影響を想定した。

さて、山ノ上古墳はこのような山名の古墳群から離れた丘陵上にあり、墳丘の傍らにある山ノ上碑は、辛巳歳（六八一年）に建てられた墓誌と考えられ、古墳築造年代の基準となる稀有な資料とされてきた。尾崎喜左雄は山ノ上碑の「佐野三家」と金井沢碑にみえる「三家」を同じものと考え、その範囲を現在の高崎市の佐野から烏川を挟んだ山名の地、さらには藤岡市の北部を推定した。そして、一つの考え方として佐野古墳群のうち削石の横穴式石室をもつ前方後円墳である漆山古墳を健守命、円墳の蔵王塚古墳を黒売刀自の父の墳墓と推定し、佐野三家の管理者像については、佐野の地を占拠していた在地の豪族ととらえた。佐野にはこの二つの古墳につづくような新しい時期の古墳はなく、烏川の対岸ではあるが山名の山ノ上古墳とその西方二五〇メートルに位置する山ノ上西古墳へと継続していったものと考えた。尾崎のこのような考え方は、黒売刀自は健守命の孫という理解に立ってのことであった。しかし、山ノ上碑文にみえる「健守命孫」の孫の文字については、祖父と孫という関係ではなく、前述したように子孫という意味に解した方が無理がないようである。これを孫とみたのは、推古朝にミヤケの設定記事が多くあることによったものであろう。

ところが、その後の研究で、山ノ上古墳と山ノ上碑を同時期のものとみるのではなく、古墳の方が先行してつくられたと考えられるようになった。右島は、截石切組積石室をもつ山ノ上古墳を、その周辺に存在する前代の古墳の石室にみられる構築技術の系譜を引くものとみるよりも、他地域からの新たな構築技術の導入ととらえ、畿内の岩屋山式横穴式石室の影響を受けていると考え、岩屋山古墳が築造された七世紀中葉以降に山ノ上古墳はつくられたと考えたのである。このことについて、白石太一郎は群馬郡西部における七世紀初頭前後の凝灰岩の加工石材を用いた横穴式石室の検討から、截石切組積石室はこれらの技術の延長線上に位置するものとしている。

また、山ノ上古墳の西方の截石切組積石室をもった山ノ上西古墳は、きわめて類似した石室構成をもち、切組積を多用するところから山ノ上古墳につづく時期のものと考えられている。高崎市教育委員会では、二〇〇一（平成十三）年から山ノ上古墳の南方の平野部に広がる山名古墳群の発掘調査を進めてきた。二〇〇六（平成十八）年度の調査では、全長約七五《メートル》の前方後円墳である山名伊勢塚古墳において、石室と羨道に凝灰岩の切石を用いていることが明らかになり、山ノ上古墳の截石切組積石室の系譜について新たな検討課題が提示された。

それでは、このような截石切組積石室が上野地域において最初に山ノ上古墳で採用されたのはなぜであろうか。

前方後円墳から唯一継続してつくられた総社古墳群の愛宕山古墳や宝塔山古墳、蛇穴山古墳のような大型方墳における家形石棺や漆喰などを有するという特徴は、通常、大和政権内部の有力者層の古墳を中心に認められるものである。このことは、上毛野氏にかかわる氏族との見方もある総社古墳群の勢力が、上野地域において頂点に立つことを大和政権が承認したものと考えられている。それにもかかわらず、山ノ上古墳に最初に畿内の

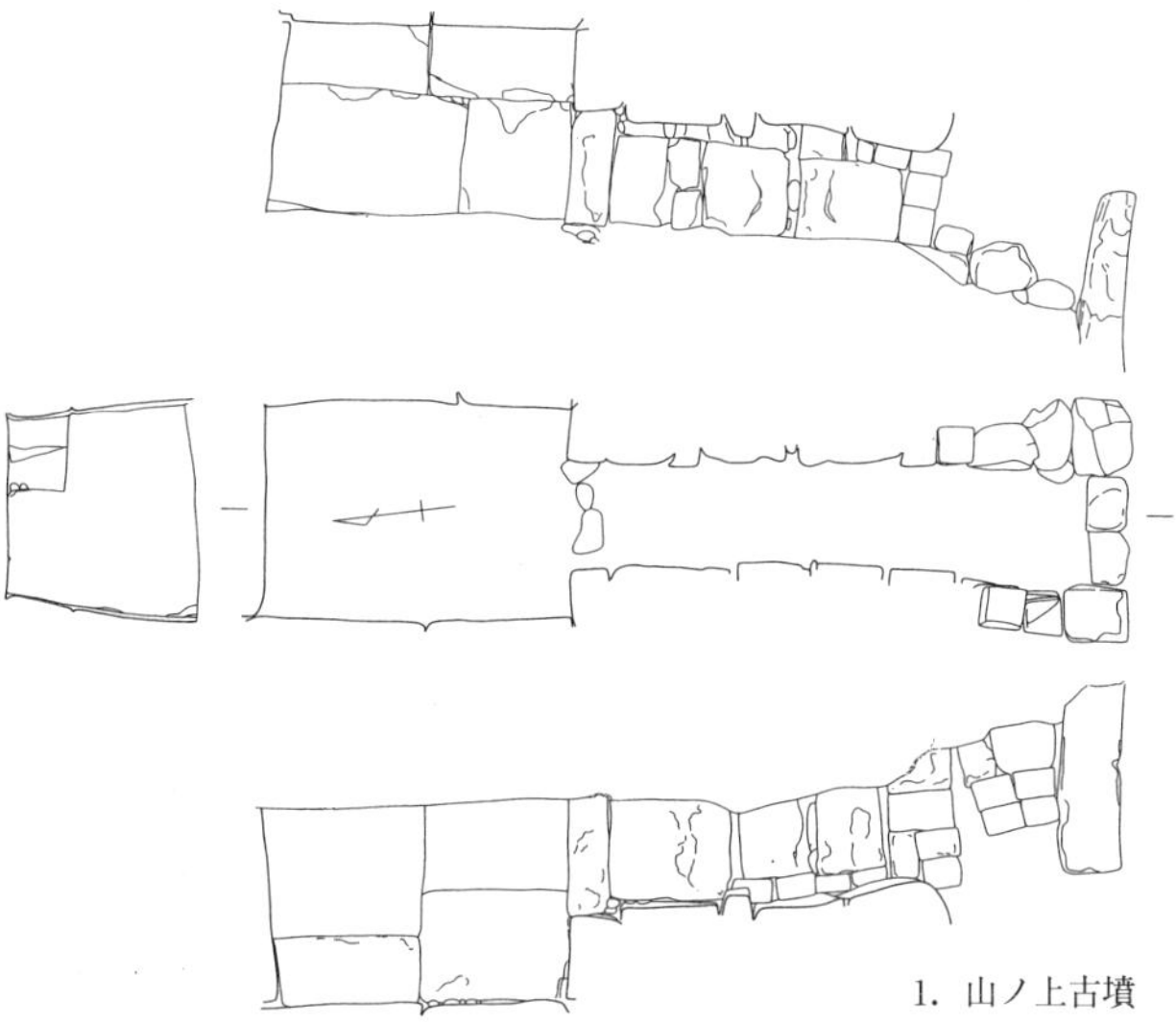

1. 山ノ上古墳

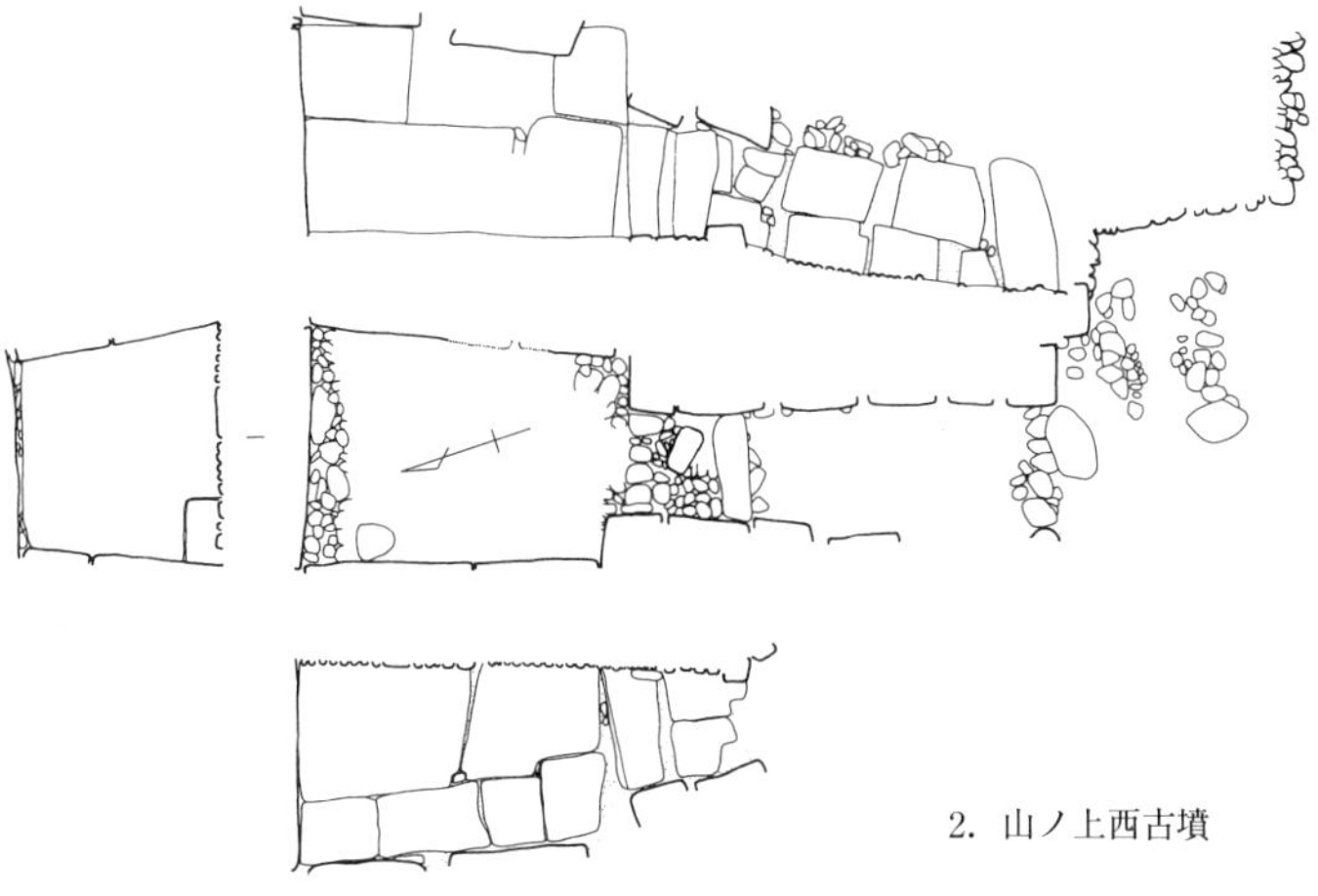

2. 山ノ上西古墳

図15　山ノ上古墳と山ノ上西古墳の石室実測図（1/120）

図16　宝塔山古墳石室

先進的な技術が注ぎ込まれていることは、それを築造した勢力と大和政権が直接的な繋がりをもっていたことを物語っている。そして、その時期は愛宕山古墳の造営が終了した後のことであり、山ノ上古墳を範とした截石切組積石室は県の西部から中央部に広がっていったのである。この時期に山部郷の地に山ノ上古墳をつくり得た総社古墳群に匹敵するような勢力こそが、いわゆる佐野三家であったのではないだろうか。

(二)　古墳と寺院

高崎市石原稲荷山古墳は、六世紀末につくられた二段築成で凝灰岩の切石積両袖型石室をもつ直径三〇メートルの大型円墳である。この石室からさまざまな遺物といっしょに銅鋺が出土した。また、高崎市の観音山古墳と観音塚古墳の出土遺物にも仏教的要素を認めることができる。観音山古墳からは仏器である銅製水瓶が出土している。観音塚古墳では銅製承台付蓋鋺と銅鋺が出土しており、そのほか透かし彫りなどの金工品には、法隆寺等の飛鳥文化の特色を色濃く認められるものがある。

さらに、前橋市の宝塔山古墳の家形石棺の脚部には、仏具の台座などにみられる格狭間が彫りだされている。奈良県水泥南古墳の家形石棺の蓋の突起部に六弁の蓮華文が彫りこまれていたり、大阪府御嶺山古墳の棺台の四面に格狭間を浮き彫りで飾っているものと類似している。

古墳に仏教的色彩をもつ遺物が副葬されていることが、すぐに仏教の受容とその普及を示すものとはいえないが、当時の社会状況を知るうえで注目される。

『日本書紀』の崇峻天皇元（五八八）年、蘇我氏によって奈良県明日香村に日本で最初の寺院である飛鳥寺の造立が始められた。これには百済からやってきた僧、寺工、瓦博士など多くの人びとがかかわり、一八年もの歳月をかけて完成した。その後、推古天皇三十二（六二四）年には四六カ寺、白鳳期の持統天皇六（六九二）年には五四五もの寺院がつくられたという。

図17　観音塚古墳出土銅製承台付蓋鋺

古墳に代わるものとして、このように多くの寺院が建立されたのは、僧や寺院がもつ性格によるところが大きいようである。当時の僧には、読み書きはもちろんのこと、医術・算暦・工芸などの能力が求められていたのである。このことは、奈良時代の初めに、能力の高い僧を還俗させて、国家体制に組み込もうとする記事が多くみられることからも知られる。また、僧行基が行った架橋や土木工事などもそのような技術、能力の現れであった。さらに、寺院は、現在のような葬式・墓参りといった場所ではなく、学問修養の場であり、総合的な社会・文化施設としての役割をはたしていたのである。このことは、律令国家において事務能力を有する下級官人の養成の必要と結びついて、地方における寺院建立を推進したのである。

群馬県においても、七世紀中葉以降に前橋市の山王廃寺や伊勢崎市の上植木廃寺、太田市の寺井廃寺などの内容の充実した寺院がつくられた。中央の既存の寺院との密接な関連のもとに、有力豪族によって建立されたものとみられる。この後、八世紀も半ばを過ぎた頃に上野国分寺の造営も進められ、律令政治における地方の一つの拠点として、仏教活動を展開していくのである。

(三) でえせえじ遺跡の瓦

でえせえじ遺跡は山ノ上古墳の西方約三〇〇《メートル》の南傾斜地にあり、一九四八（昭和二十三）年に地元の小学生が軒丸瓦の破片をみつけたことによってその存在が知られるようになった。その後も軒丸瓦、平瓦などが採集され、「でえせえじ」の名から寺院跡との見方がされているが、地形からは窯跡の可能性も指摘されている。

でえせえじ遺跡でみつかった軒丸瓦は山王廃寺

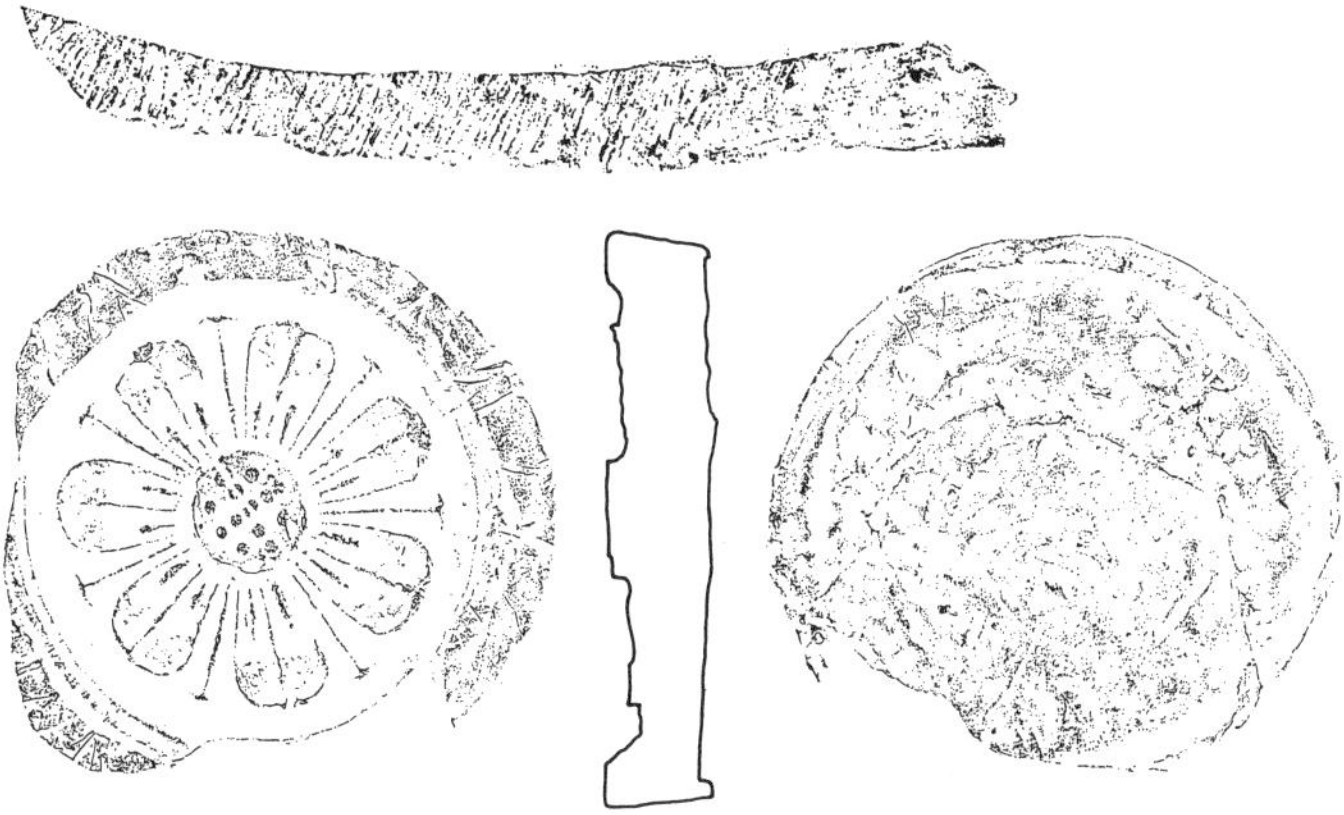

1. でえせえじ遺跡

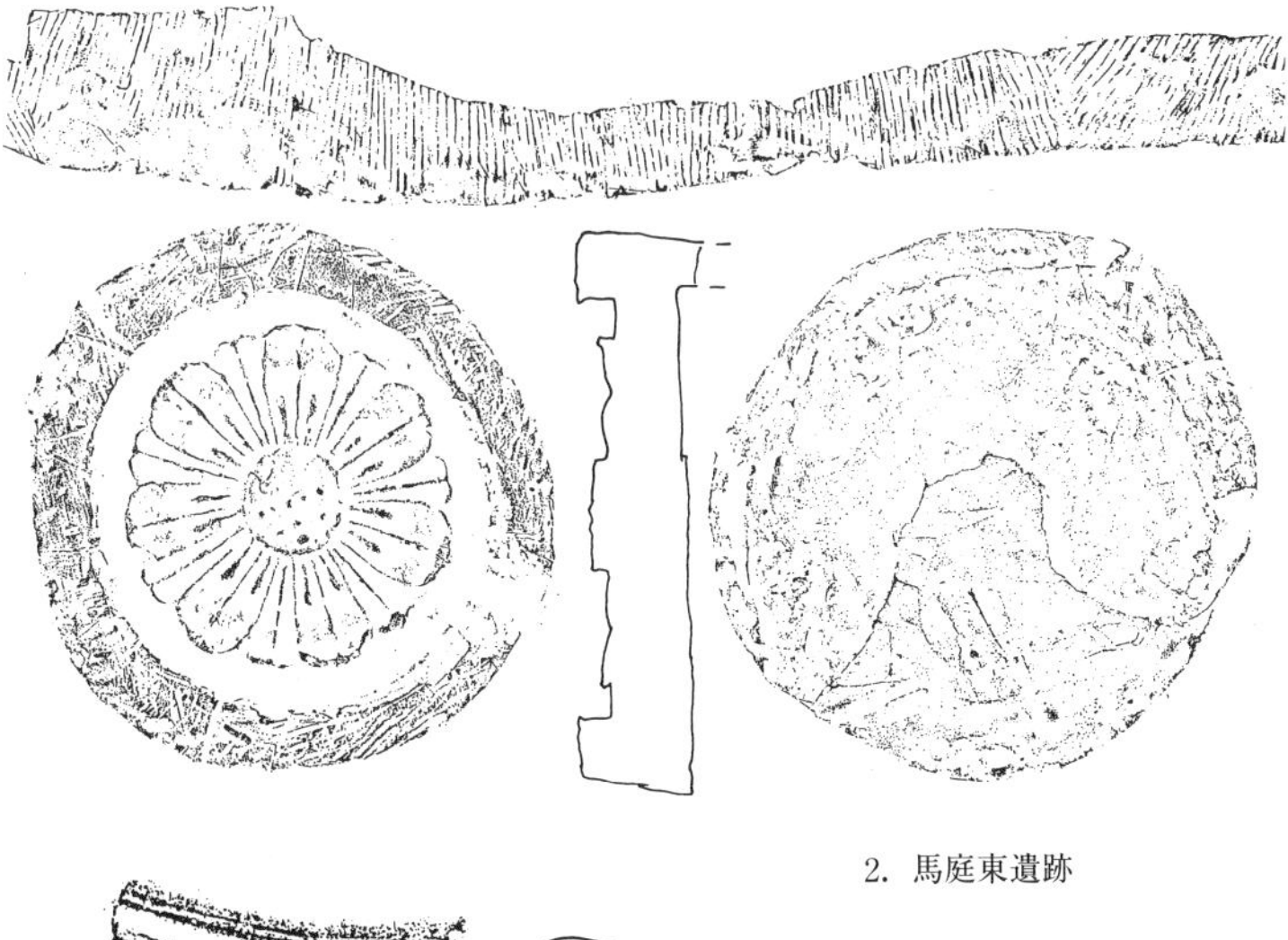

2. 馬庭東遺跡

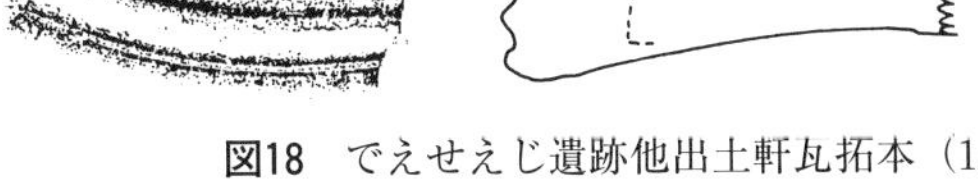

3. 水窪遺跡

図18　でえせえじ遺跡他出土軒瓦拓本（1/4）

1　でえせえじ遺跡、2　田端遺跡、3　馬庭東遺跡、4　水窪遺跡、5　漆山古墳、6　下佐野Ⅰ遺跡、7　浅間山古墳、8　大鶴巻古墳、9　安楽寺古墳、10　観音山古墳、11　山名伊勢塚古墳、12　伊勢塚古墳、13　七輿山古墳、14　皇塚古墳、15　白石稲荷山古墳、16　喜蔵塚古墳、17　山ノ上西古墳

図19　三碑周辺の遺跡（1/75,000）

跡出土のものに類似した複弁七弁蓮華文で、弁の端が尖り、中房が小さいため弁が細長くて、子葉は短い。間弁の反りはしっかりと表現されていて写実的である。中房には不揃いな蓮子が中心のもののまわりに四つ、その外側に八つ配置されている。外縁は素文で、側面には丸瓦接続時に施されたとみられる平行叩きが認められる。これと同じ文様の軒丸瓦は、高崎市の田端遺跡、藤岡市の水窪遺跡、吉井町の馬庭東遺跡で出土しており、いずれも同一の笵で製作されたことが確認でき、七

世紀後半の製作とみられている。

田端遺跡はでえせえじ遺跡の東約二・五キロにあり、上越新幹線の建設に先立って調査された集落遺跡で、近接して寺院跡の存在も指摘された。水窪遺跡はでえせえじ遺跡の東南約四キロの藤岡台地上にあり、三重弧文軒平瓦も出土しているが、発掘調査がなされていないため詳しい状況は明らかではない。馬庭東遺跡では、これまでに退化傾向のみられる複弁七弁蓮華文軒丸瓦が知られていて、多胡郡に関係した寺院跡との見方がされていたが、それより一段階古い様相をもつ軒丸瓦が近年出土した。これによって、その創建の時期が多胡郡建郡以前の七世紀代にさかのぼることが明らかになった。また、厚い平瓦の端面を筋状に削って軒平瓦の重弧文を意図したものもみられる。馬庭の地は鏑川左岸で山名の西方にあり、でえせえじ遺跡のある丘陵のすぐ南に位置している。このように、でえせえじ遺跡、田端遺跡、水窪遺跡、馬庭東遺跡は、半径二・五キロの円内に収まる距離にあり、七世紀後半において同笵《どうはん》の軒丸瓦を共有する一つの文化圏を形成しているのである。

さて、山王廃寺は山ノ上古墳の後に築造された

図20　山王廃寺出土素弁八弁蓮華文軒丸瓦

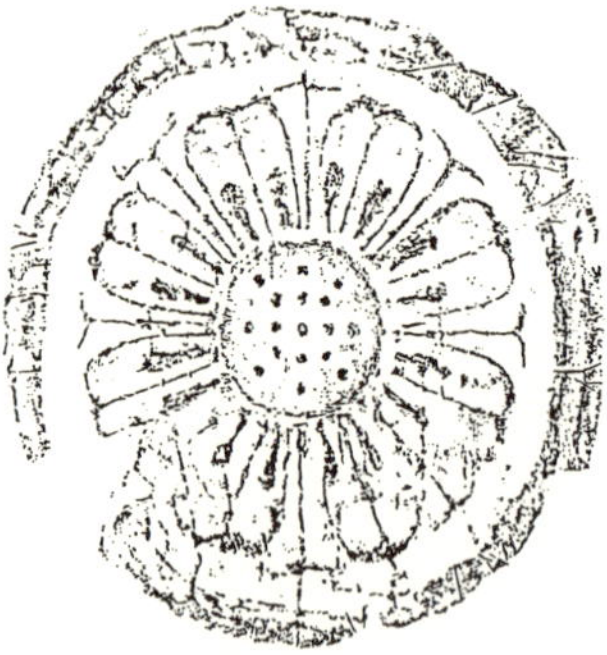

1. 山王廃寺

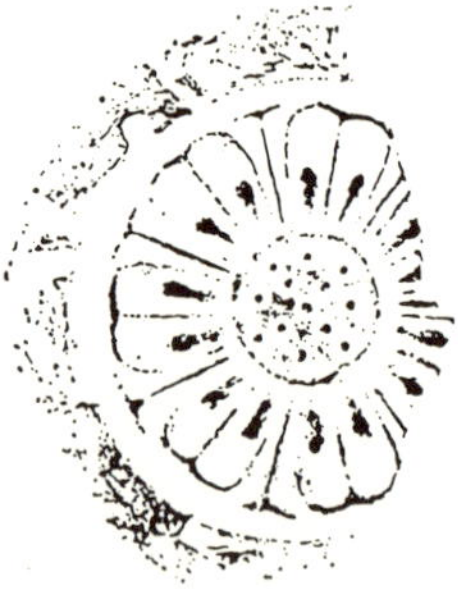

2. 山王廃寺

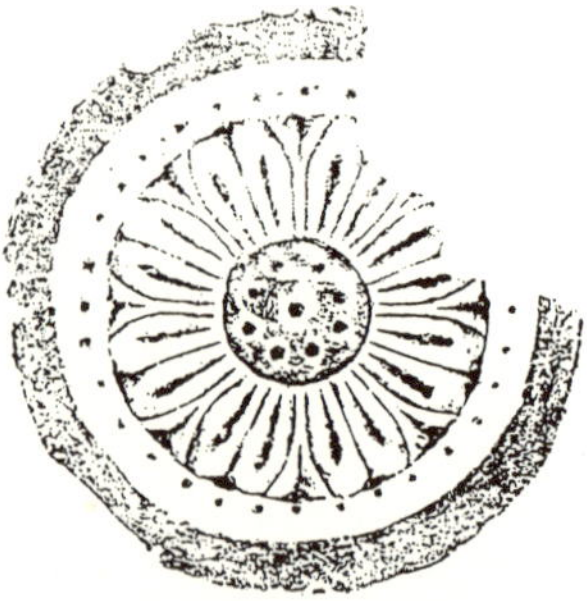

3. 飛鳥寺

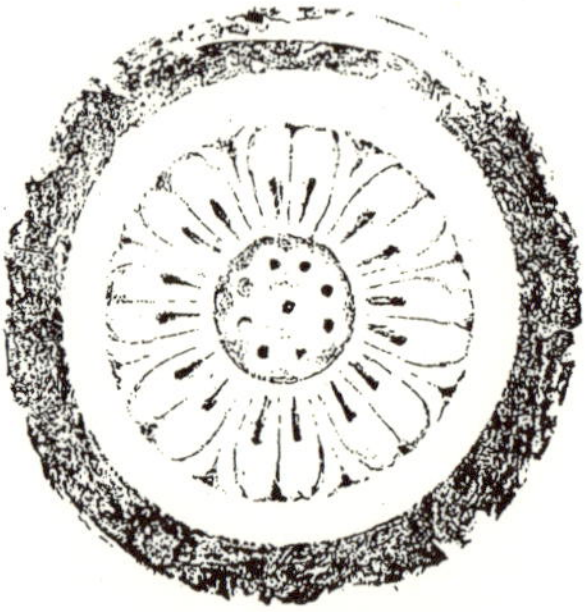

4. 姫寺

5. 夏井廃寺

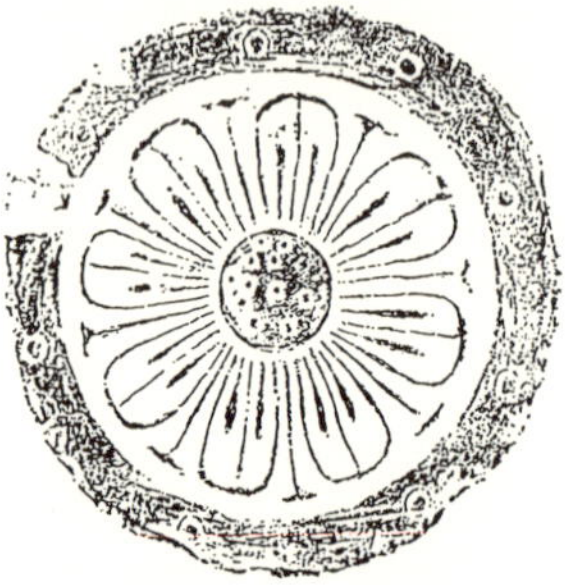

6. 夏井廃寺

図21 山王廃寺他出土複弁蓮華文軒丸瓦拓本（1/4）

宝塔山古墳や蛇穴山古墳と並行してつくられた県内最古の寺院跡である。創建期の素弁八弁蓮華文軒丸瓦や複弁蓮華文軒丸瓦と三重弧文軒平瓦などが出土していて、そのうち複弁蓮華文軒丸瓦には八弁と七弁の二種類がある。複弁八弁蓮華文軒丸瓦（図21の1）は厚みのない蓮弁で、その先端は少し反転しているが、立体感に乏しい。川原寺式の複弁にくらべて中房の径が小さいため蓮弁が細長く、子葉は蓮弁の半分の長さで、素文の外縁は直立している。複弁七弁蓮華文軒丸瓦（図21の2）は蓮弁の端部の幅が広く、ふっくらした感じに仕上がっている。間弁は隆起線のみで表現されていて、でえせえじ遺跡のように写実的ではない。中房は八弁のものよりさらに小さく、素文の外縁は幅が広く直立している。これらは安中市の秋間古窯跡群で生産されたもので、かつての碓氷郡で生産された瓦が直線距離で二〇キロ離れた群馬郡の山王廃寺に供給されたのである。

川原寺式との相違が著しい山王廃寺出土の複弁蓮華文は、川原寺式とは異なる系譜に属すると考えられ、東国独自の採用、発展としてとらえることもできる。そして、その年代は川原寺の創建より大きく下らせて考える必要はないであろう。山王廃寺の複弁八弁蓮華文軒丸瓦は、創建期の素弁八弁隆起線文軒丸瓦とその形態や胎土、製作技法等に類似点が認められ、同一の工人組織によって時期を接して生産されたものとみられ、瓦当面の径の大きさからみて同時期に堂塔の屋根に葺かれていた可能性もある。その年代は七世紀中頃から第3四半期、複弁七弁は複弁八弁につづく七世紀後半中葉もしくは第4四半期とみることができるであろう。

このことについて、稲垣晋也はでえせえじ遺跡の複弁七弁蓮華文軒丸瓦を新羅系の瓦と考え、山王廃寺出土のものに先行するとした。また、この形式の瓦は七世紀後半の半世紀の間に局部的な現象として展開した形式であり、この形式の生産地と分布圏が多胡郡を中心に認められているので、新羅系渡来人との関連を想定している。つまり、『続日本紀』天平神護二年（七六六）にみえる新羅人子午足らが吉井連を賜った記事などを考えたのである。このことは、山ノ上碑・金井沢碑が自然石を使用し、新羅の碑に系譜を求めることができることと符合しており、この地域に新羅文化の影響が色濃く認められるのである。

ところで、近年の飛鳥池遺跡や飛鳥寺などの奈良県内の遺跡の調査で、川原寺のものとは系譜を異にする複弁八弁蓮華文軒丸瓦（図21の3）が出土し、その層位から白鳳期のものであることがわかってきた。飛鳥池遺跡は飛鳥寺の東南にあり、金・銀・銅・鉄等の金属やガラスなどのさまざまな素材を使って製品をつくっていた飛鳥時代の官営総合工房と考えられている。ここで出土したのは、扁平で細い八弁の複弁蓮華文で、中房は川原寺のものより小さくて低く、蓮子は中心のもののまわりに八つである。外区の内縁には小粒の珠文を配し、外縁は素文で広い。これに対応する軒平瓦は三重弧文である。この軒丸瓦はでえせえじ遺跡出土のものに似ているが、複弁というよりは細弁のような感があり、県内出土の複弁蓮華文の祖型ともみられるものである。山王廃寺出土の複弁七弁蓮華文軒丸瓦には外縁に竹管文を巡らせたものがあり、これは飛鳥寺ⅩⅦ形式に認められる珠文を表現したものに似ている。飛鳥寺からはⅩⅦ形式にともなう軒平瓦に竹管文を施したものも出土している。この飛鳥寺ⅩⅦ形式は飛鳥池遺跡や飛鳥寺で、いわゆる竹状摸骨痕をもつ丸瓦とともに用いられている。竹状摸骨丸瓦はおもに九州北部で確認されてきた技法であるが、このように畿内においてもその実態が明らかになってきている。

竹状摸骨痕のある丸瓦は、奈良市の姫寺跡からも文様の変化した複弁八弁蓮華文軒丸瓦に接合されて出土している。姫寺跡では、他にも複弁八弁（図21の4）のものが認められる。これも小振りの中房に蓮子が中心のもののまわりに八つ配置され、飛鳥池遺跡などのものより蓮弁は短く、弁端には反りが表現されている。外縁は素文でその内側に珠文はない。これは、吉井町の馬庭東遺跡で以前から知られていた複弁七弁蓮華文に類似している。

このように、上毛野で展開した複弁蓮華文軒丸瓦は、飛鳥池遺跡などと類似した文様意匠と技法が認められることから、新羅系渡来人とのかかわりだけではなく、大和の技術が、上宮王家や蘇我氏によって直接的に上毛野にもたらされた可能性もある。また、山王廃寺の塔心礎は舎利孔から東西南北に直線的に溝が彫られ、舎利孔の形態が丸と四角の差こそあれ、飛鳥寺のものに類似していることも考え合わせると、山王廃寺が蘇我氏のな

図22 上野国分寺跡出土の複弁六弁蓮華文軒丸瓦
（多胡碑に近い吉井町の雑木見遺跡からも出土している）

んらかの影響のもとに成立した可能性が考えられるのである。

この複弁蓮華文の軒丸瓦の類似例を関東以北に求めると、福島県いわき市の夏井廃寺出土の複弁八弁蓮華文（図21の5・6）がある。これは、川原寺式の範疇でとらえることがむずかしく、山王廃寺との直接的なかかわりを想定させる。夏井廃寺では二種類が確認されており、一つは山王廃寺のものに酷似しており、八弁であるせいか、やや子葉が細いがしっかりと表現されている。もう一種は山王廃寺のものより、蓮弁の反りは少なく平板であり、彫りは浅いものである。周縁が高く幅も広く、山王廃寺の複弁八弁蓮華文のなかにもみられる竹管で刺突文を施しているものもある。瓦当部と丸瓦の接合技法は丸瓦を瓦当背面にくい込ませる印籠つぎ法で、厚みのある瓦当背面になっており、背面はナデ調整されている。これに関連して、福島県相馬市黒木田遺跡でも複弁八弁蓮華文が出土しており、山王廃寺の複弁の系譜を引くとみられる。これらは、大和政権の蝦夷に対する東北経営のなかで現れてきた現象とみられ、少し後になるが、『続日本紀』神護景雲三（七六九）年の記事などにみられる「上毛野○○朝臣」という上毛野を名乗る複姓氏族の分布が陸奥国の臨海部の郡に多いこととの関連が考えられる。

ところで、山王廃寺やでえせえじ遺跡で出土する複弁七弁蓮華文から、吉井町の雑木見《ざつきみ》遺跡や上野国分寺跡出土の複弁六弁蓮華文への変遷がたどれるようである。つまり、弁数が七弁から六弁へ変化しており、それ以前の八弁から七弁への変化とあわせて、八→七→六というように、弁数が少なくなっていったことがうかがえる。

でえせえじ遺跡は山ノ上碑の至近距離にあり、その碑文に記された「放光寺」が後述するように

図23　蛇穴山古墳石室前庭（上）と同古墳玄室内（下）

山王廃寺であることから、これらは密接にかかわっているものとみられる。山ノ上碑は金井沢碑とともに令制下の多胡郡山部郷に属し、多胡郡建郡以前は片岡郡であった。さらに、「法隆寺伽藍縁起并流記資財帳」にみられるように山部郷が法隆寺の封戸であったということと考え合わせれば、それ以前にこの地の山部氏、あるいは佐野三家を介して上宮王家や蘇我氏とのつながりも考えられるであろう。

山王廃寺を建立したのは総社古墳群を造営した氏族とみられているが、七世紀第2四半期から後半にかけて築造された愛宕山古墳・宝塔山古墳・蛇穴山古墳などの大形方墳には、大和勢力に直結した影響が認められる。つまり、愛宕山古墳・宝塔山古墳に存在する家形石棺や宝塔山古墳・蛇穴山古墳にみられる硬質の石材を切石加工する技術や壁面漆喰塗布などである。このことは、山王廃寺の瓦当文様からも裏づけられ、地方豪族が独自の文化を展開させつつも積極的に中央とのかかわりを求め、新しい文化の吸収を図っていたことがうかがわれ、大和勢力内の有力豪族らも地方への勢力扶植を図っていたのである。

総社古墳群の大形方墳が築造され始めた七世紀前半には、大和勢力のなかでは蘇我氏が実権を握っていたのであり、上毛野においてもそのなんらかの影響下にあったものと思われる。少し後の資料ではあるが、平城宮跡出土木簡に甘楽郡新屋郷上戸の「宋宜部《そがべ》猪万呂」が衛士として出仕していたのがみえ、上野国分寺に供給された瓦に記された「辛宋宜」の文字からも、多胡郡辛科郷に宋宜部がいたことがわかる。また、『和名類聚抄』(刊本)によれば、甘楽郡に宋伎郷が知られ、これもソガである可能性が検討されるものであり、この地域付近に勢力をもっていたと考えられる。

図24　山王廃寺出土「放光寺」銘瓦（右は拡大）

さらに、法隆寺所蔵文書によれば、群馬郡の部領として宗我清直がいて、国衙に連なる役人としての宗我氏を認めることができるのである。これらのことは、これまで注意されてこなかった上毛野における蘇我氏の動向の一端を示しているものと思われる。

3　放光寺は山王廃寺

（一）みえてきた山王廃寺の姿

前橋市の山王廃寺跡の発掘調査で「放光寺」と箆書きされた文字瓦がみつかったのは、一九七九（昭和五十四）年八月のことであった。調査現場は一片の瓦の出土に緊張が走った。放光寺の名は、辛巳歳（六八一年）の紀年がある山ノ上碑と、長元三（一〇三〇）年の作成とされる「上野国交替実録帳」とに認められることから、調査に携わる者は、山王廃寺こそが放光寺であったのだという思いでいっぱいになった。

文字瓦「放光寺」は、凸面に縦方向の縄目痕がある平瓦で、黒緑色の微粒子を含む均質な土で焼かれている。この文字瓦は山王廃寺の創建期の瓦ではなく、奈良時代後半以降に安中市秋間古窯跡群で生産されたもので、上野国分寺などからも出土する。

一般に、文字瓦に記された文字は、生産過程のきわめて限定された時間、場所で書かれるものである。また、その意味するところは、瓦の生産形態や需給関係と密接な関係にあるとみられている。これまで、文字瓦は、

①瓦の公的な負担体系や私的な寄進を表している。

②瓦工名や瓦屋名といった瓦の生産組織を表している。

③寺院名などの瓦の供給先を表している。

といった指摘がなされている。このうち、③の瓦の供給先を表した例としては、川原寺（奈良県明日香村）の「川原寺」、観世音寺（福岡県太宰府市）の「観世音寺」、下野国分寺（栃木県下野市）の「国分寺」・「国分寺瓦」、下野薬師寺（栃木県下野市）の「薬師寺瓦」、大慈寺（栃木県岩舟町）の「大慈寺」等が知られている。これらの事例を考え合わせると、この「放光寺」は、瓦の供給先である山王廃寺の寺名が記されたものと考えられる。

ところで、山王廃寺跡の文字瓦には、創建期のものはほとんどなく、修造の際に用いられた瓦に文字が記されているのである。これは、この時期の一般的傾向によるものであろう。しかし、この点を「放光寺」の文字瓦に限って、瓦窯の操業形態との関連で考えれば、創建期における供給先は

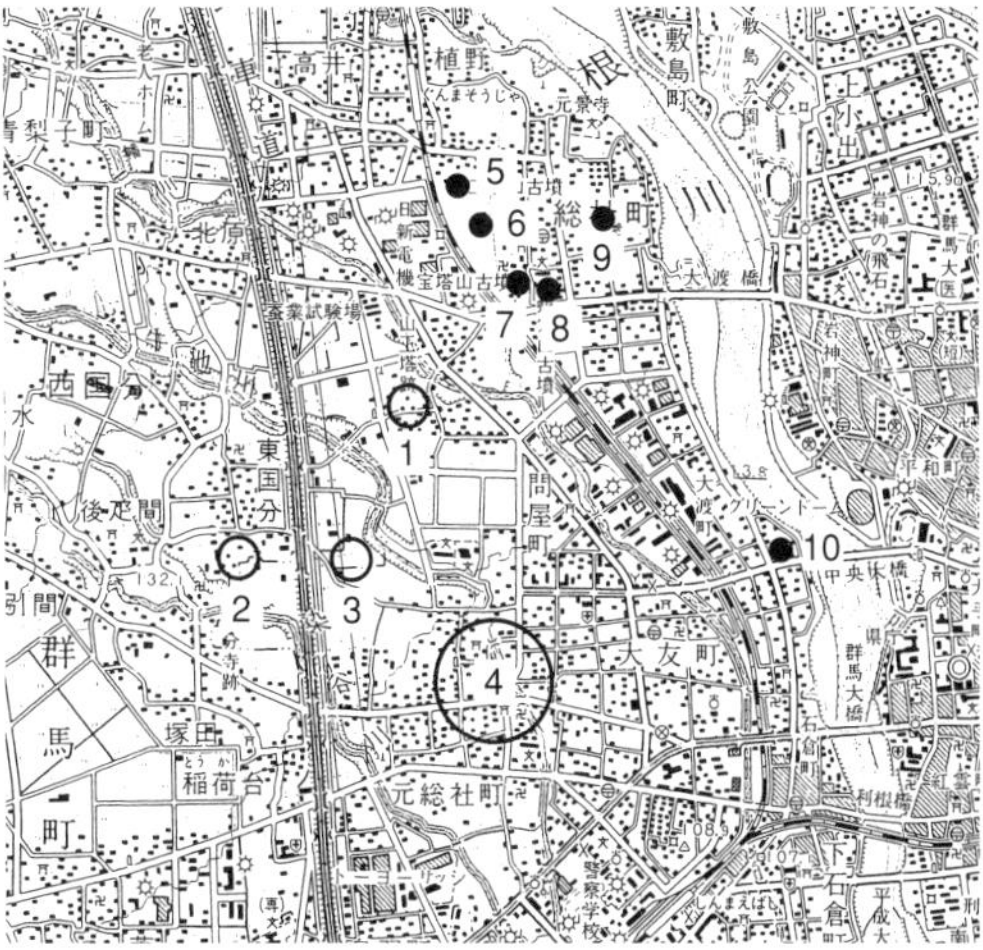

1　山王廃寺
2　上野国分寺跡
3　上野国分尼寺跡
4　上野国府跡
5　二子山古墳
6　愛宕山古墳
7　宝塔山古墳
8　蛇穴山古墳
9　遠見山古墳
10　王山古墳

図25　山王廃寺と周辺の遺跡（1/75,000）

山王廃寺だけであったものが、上野国分寺など他の寺院にも供給されるようになったので、瓦に供給先の寺名を明示して混乱を避ける必要が生じたと考えることもできるであろう。

山王廃寺跡は、群馬県の中央部、前橋市の総社町総社に所在する著名な白鳳寺院跡である。大正初期に、塔心礎が偶然に発見されてその存在が明らかとなり、一九二一（大正十）年には福島武雄らによって調査された。その後、耕作等によって根巻石や鴟尾などの石製品や瓦が多数出土し、注目されるようになる。尾崎喜左雄は、遺物の出土地点や分布状態などから検討して、その伽藍配置を四天王寺式と推定し、寺域は塔を中心とする方二町（一町は約一〇九メートル）と想定した。さらに、付近に存在する宝塔山古墳と蛇穴山古墳は石材加工技術のうえで密接な関連をもつことから、山王廃寺とこれら両古墳とは、同一の豪族によって併

図26　山王廃寺金堂跡

行してつくられたものとみて、その時期を七世紀後半から八世紀前半と推定した。しかし、その遺構の規模や寺名などについては不明であり、歴史的な位置づけもなされないままであった。

前橋市教育委員会は、一九七四（昭和四十九）年から七次にわたって山王廃寺跡の発掘調査を行い、塔、金堂、礎石建物、掘立柱建物などがみつかった。これらから、塔を東に、金堂を西に配置する法起寺式の伽藍配置であることがわかった。また、塔の北約一町の位置で確認された桁行九間、梁間三間の掘立柱建物が僧房もしくは食堂であるとすれば、尾崎が推定した寺域よりも少し北へずれた方二町の広がりをもつ可能性もあるが、上野国分寺跡のように築垣等で寺域を明確に画するものはみつかっていない。さらに、竪穴住居の分布状況から、年代が下がるにしたがって、寺域がしだいに狭まっていった様子がうかがえた。遺物は瓦を中心に数多く出土しているが、以前から知られている根巻石や鴟尾といった石製品なども含めた遺物および遺構の検討結果から、山王廃寺は七世紀後半には創建され、天仁元（一一〇八）年の浅間山Ｂ軽石降下以前に廃絶したものと考えられた。

（二）定額寺としての山王廃寺

さて、古代寺院の放光寺は、上野国内では山ノ上碑と「上野国交替実録帳」との二つの資料に見出せる。これらの資料の間には三〇〇年以上もの時間の経過があり、はたして同一の寺であるかどうか、即断はできない。しかしながら、山王廃寺の存続期間は、山ノ上碑の建碑から「上野国交替

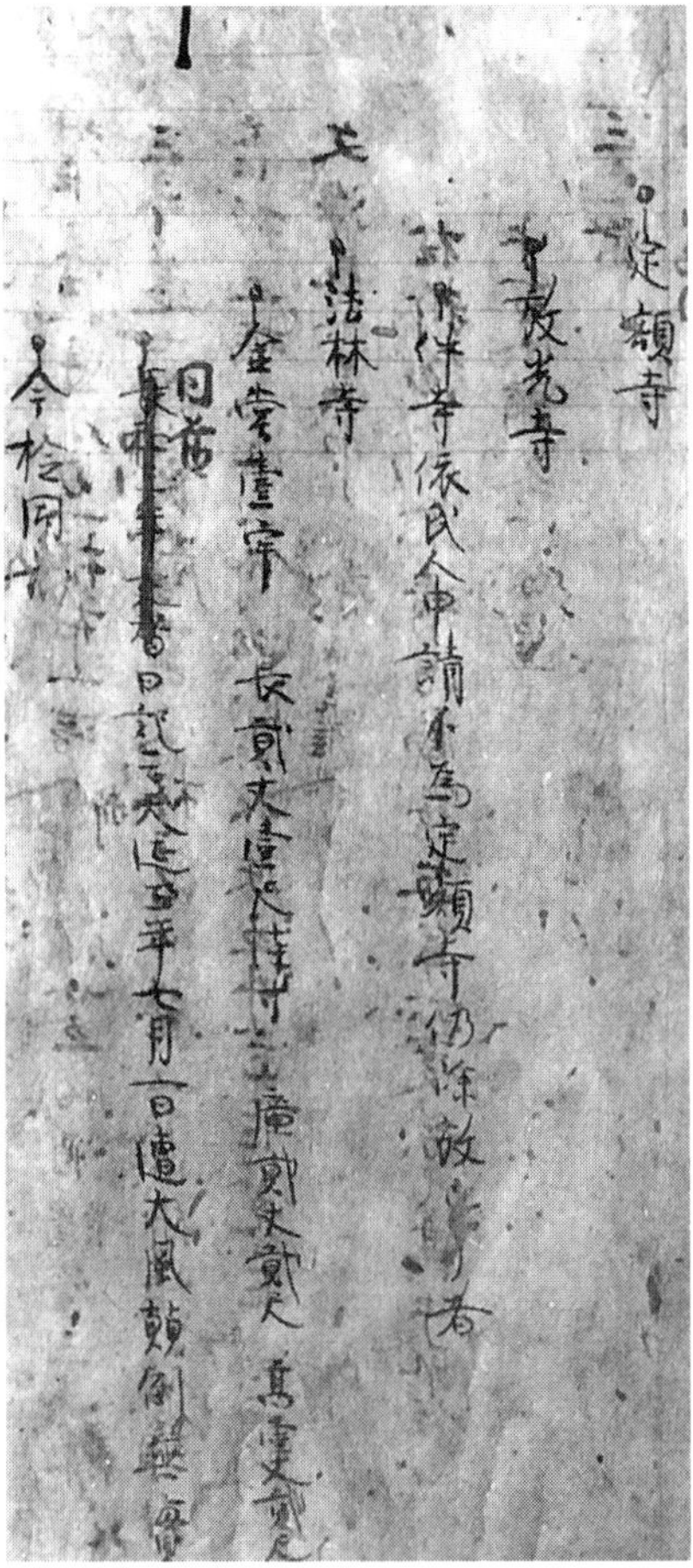

図27　『上野国交替実録帳』に見える放光寺の部分（東京国立博物館所蔵）

実録帳」記載の放光寺が定額寺の列から除かれた時期までの間にほぼ合致しており、「放光寺」の文字瓦を出土する山王廃寺を介在させた場合、両者にみえる放光寺は同じ寺を指すものとみられる。

ところで、その性格については、「上野国交替実録帳」にみられる放光寺は定額寺の寺格を有していたことが明らかであるが、山ノ上碑々文中の放光寺は、寺名のみで他に具体的な記述はない。そこで、「上野国交替実録帳」記載の放光寺についてみてみよう。

長元三（一〇三〇）年に作成された「上野国交替実録帳」は、九条家本延喜式の紙背文書で、国司交替の際の引継文書である不与解由状の草案と考えられている。その定額寺項に放光寺、法林寺、弘輪寺、慈広寺の四カ寺があげられている。このなかで、放光寺については、「放光寺　件の寺、氏人の申請により、定額寺と為さず。仍って除き放ち已に了んぬ」と記されていて、本帳が作成された時点で、すでに氏人（檀越《だんおつ》）の申請によって定額寺の列から除かれていたことがわかる。また、他の三カ寺については、いまだ定額寺に列せられているものの、すでにその堂舎、仏具等の破損、焼失が著しいという、平安時代の定額寺の実態を垣間みることができる。しかしながら、これら四カ寺の所在地は明らかではない。定額寺の性格については後述するが、放光寺は堂舎の破損、焼失等によって寺院の維持が困難となったために、定額寺の寺格から離れたことが推測される。さらに、十世紀頃になると、定額寺の制度も形骸化し、国家による規制のみが生きつづけて、檀越にとって定額寺であることの利点は薄れ、むしろ足枷となったことも考えられる。このようななかにあって、放光寺は檀越の意志によっ

図28 山王廃寺出土石製鴟尾（上左は日枝神社、上右と下は個人蔵のもの）

てその寺格を放棄していることから、そこには依然として檀越の大きな力が働いていると考えられるのである。

他方、山王廃寺は、塔心礎、根巻石、鴟尾といった石製品や素弁八弁蓮華文軒丸瓦などの出土瓦、緑釉水注等の緑釉陶器のセットの存在、および遺跡の状況からして、七世紀中頃から十世紀頃まで長期間にわたって存続したものと考えられる。さらに、その規模が大きく、遺構の造作が精巧で遺物内容が豊富なことなどから、その背景には、寺の経営を支え、長期間継続してその修造にも力を注ぐことができる檀越が存在し、寺院機能を維持する組織的な力が働いていたと考えられるのである。

山王廃寺の所在するこの地域を治めた豪族は、五世紀後半の遠見山古墳に始まり、その後初期横穴式石室の王山古墳、六世紀後半の総社二子山古墳などの前方後円墳や方墳で截石切組積石室をもつ宝塔山古墳・蛇穴山古墳といった県内最高の水準をもった総社古墳群を背景としており、山王廃寺の南方には上野国府や上野国分二寺が展開していることからも、現在の前橋市、高崎市に広がる傑出した勢力であったと推測できる。

このように、山王廃寺と「上野国交替実録帳」記載の「放光寺」とは、寺名やその時期、性格において符合する点が認められることから、山王廃寺こそが「上野国交替実録帳」にみえる定額寺の「放光寺」であると考えられるのである。

定額寺については、天平勝宝元年（七四九）七月十三日の、諸寺の墾田を制限した『続日本紀』の記事が初見である。定額寺とは「定額」の字義から、

①国家から一定の数を限って格付けされた寺院。

図29　山王廃寺出土根巻石

②国家から一定額の経済上の援助を受けた寺院。
③国家から公に寺号を定められ、その寺額を授与された寺院。

などの見解が出されている。定額寺は奈良時代から平安時代にかけての間に変質が認められ、その性格を一様にとらえることは容易ではないが、固有の属性として、

㋑国家が寺院に与えた寺格の一つで大寺、国分寺に次ぐものである。
㋺国家から経済的な優遇措置を受ける反面、資財帳を通して一定の管理のもとに置かれていた。

ことがあげられる。

定額寺資財帳は国司交替制度とかかわりをもって作成されており、国司にとって、定額寺に対する維持・管理の実績が考課の対象となっていたのである。

九世紀中葉から後半にかけて、定額寺の修造を命じる勅が相次いで出されていて、その費用については、寺が所有する田畑からの収穫物をもって充てるか、田畑のない場合には支度帳に記して言上させた。

これに対して、国分寺は、寺封や寺田などからなる経済基盤を有しており、修造についても修理料として出挙稲が割り当てられていた。国分寺の建立後まもない天平神護二（七六六）年に、国分寺の堂舎のなかにはすでに朽ち果てているものがあるので、造寺料稲を用いて修理を加えるように命じている。しかし、それにもかかわらず、国司の怠慢によって修造がなされなかったため、翌年に、速やかに修理を行うように重ねて命じている。このように、国司による国分寺の修造は進捗せず、しばらく後の史料には、十のうち二、三の

図30　山王廃寺の塔心礎

修造を行えば、それを国司の実績として考課の対象とするとしているのである。このような状況下にあって、国司が国家の奨励策に応じて国分寺の修造を行う場合、国司自身の管轄下にもある定額寺が自ら使用する目的で準備していた資財を流用するとか、あるいは、その工人組織を用いて修理用材を生産させる可能性も想定できるのである。

こうした点を山王廃寺と上野国分寺との関連に置き換えてみると、これまでに山王廃寺跡から出土した軒丸瓦の瓦当の文様は十数種が数えられているが、そのうち、上野国分寺跡出土の平安時代の修造期に製作された軒丸瓦と同じ文様のものが七種類ある。これらは安中市秋間や藤岡・吉井方面で生産されたものである。

このように、軒丸瓦を通してみた場合、七世紀中頃に創建された山王廃寺と、八世紀後半の建立と推定され距離的にも近い上野国分寺との間に、ある時期に同じ笵からつくられた瓦を共有する関係があったことが明らかとなり、瓦の供給関係を介しての両寺間の深いかかわりが推定される。本来、国司によってなされるべき上野国分寺の修造の際に、山王廃寺で使用されたものと同笵の瓦が供給されているということは、山王廃寺も上野国分寺と同様に、国司の管轄下にあったことを示すものであろう。

また、山王廃寺の塔跡には、それを囲むように白色粘土が敷き詰められていて、九世紀前半から十二世紀初頭の間に、山王廃寺の寺地の再整備が実施されたことがわかる。その時期は、皇朝十二銭の「隆平永寶」（延暦十五［七九六］年初鋳）や「富壽神寶」（弘仁九［八一八］年初鋳）が白色粘土の面直下の土壙内から出土していること、この白色粘土の面と天仁元（一一〇八）年に降下した浅間山B軽石混じりの土層との間に、建物の倒壊によるとみられる一次的な瓦溜りと、さらにその二次堆積層のあることなどから、これらの銅銭が使用された時期である九世紀に近い時期に実施されたものと思われる。

そして、寺地の再整備の時期は、定額寺修造についての一連の施策が打ち出された時期に符合しており、この点からも定額寺との関連を見出すことができる。ただし、弘仁九年の上野国を中心とした大地震の災害復旧もかかわっているとみられる。

これらのことから、山王廃寺は定額寺の寺格を有する寺院であったと考えられる。このように、高崎市の佐野のあたりにその所在が想定されていた山ノ上碑にみえる放光寺は、じつは前橋市総社町の山王廃寺であったのである。

その後、一九九七（平成九）年度からの下水道管埋設工事を契機に、山王廃寺跡では多量の塑像

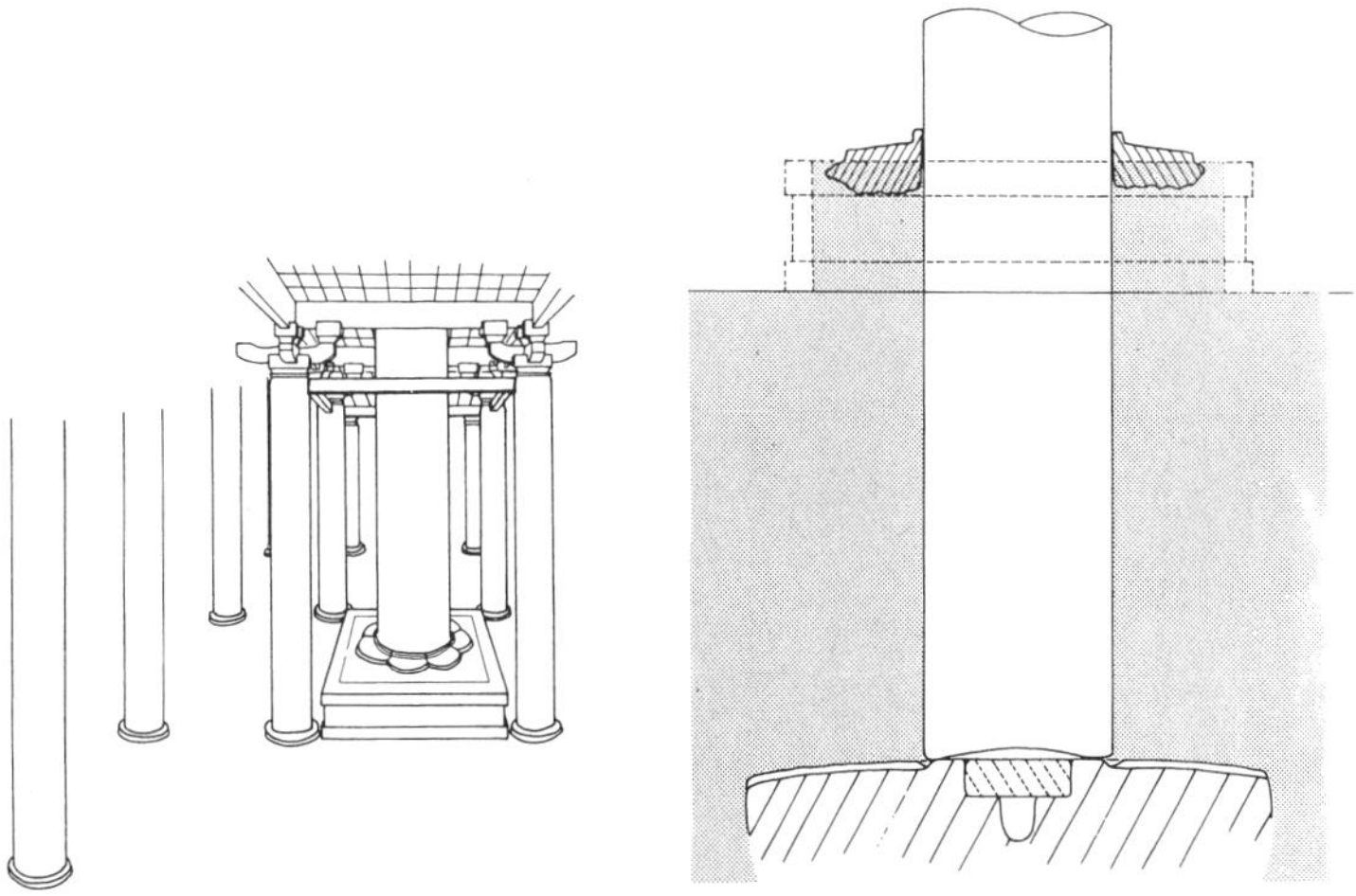

図31　山王廃寺の塔心柱根巻石の使用想定図

片が埋納されたような状態で出土した土壙がみつかった。トレンチ調査であったため、その全貌は今後の調査を待たねばならないが、前述した浅間山B軽石層によって埋められており、ほぼ八〇センチにおよぶ包含層のなかに瓦、塑像、壁材、炭化物が混入し、金属製品もみつかった。

　塑像については、松田誠一郎らによってその観察と考察がまとめられた。これによれば、塑像片は火を受けていて、その種類には如来・菩薩・神将・羅漢などの人物像や猪・駱駝の動物像、器物、雲、山岳・磯形などがある。そして、これら塑像は仏教的な主題にもとづいた山岳表現をともなう群像で、その安置空間は塔の初層が想定される。しかし、塔初層の心柱の周囲に根巻石を配置して装飾したと考えると、同じ初層の須弥壇上に置かれるべき塔本塑像とは同時には存在し得ないことを指摘している。さらに、塔の四面に構成されていた主題を、説法の場面、仏教説話に由来する場面、降魔成道の場面、涅槃の場面があると推定した。これは法隆寺や薬師寺の塔と通じるものがある。

ところで、塑像の形式と作風については、山王廃寺の神将像は八部衆像である可能性が高く、天平甲制とよばれる基本甲制を採用していることから、その制作年代の上限が七三〇年頃にあるという。また、作風から表現の写実性において、天平二（七三〇）年頃の薬師寺塔本塑像や天平六（七三四）年の興福寺八部衆・十羅漢像とほぼ同時期の製作で、厚みのある充実した体つきは天平前半期の塑像の作風展開の上で注目すべき重要な特徴であるという。そして、塑像片の文様は八世紀前半のもので、一部特徴的な文様から七二〇年代から七三〇年代前半頃と推定された。

松田誠一郎はこれまでの検討から、山王廃寺塑像の製作は当地で行われたが、中央の法隆寺や薬師寺の塔本塑像とくらべてもまったく遜色のない優れたものであり、その高い製作水準から作者は中央から派遣された官営工房系の仏工と考えた。そして、造像には中央における造形・技法の展開がほぼリアルタイムで反映されていて、その制作年代は七三〇年前後であるとした。したがって、伽藍の創建から半世紀以上遅れて塔本塑像がつくられたことになり、創建期のものである根巻石の存在から、当初は塔内に塑像群を安置する計画はなかったことがわかる。これについては、畿内における塔本塑像の流行にともない、山王廃寺でも塔内に塑像群を製作したものと推測された。

さて、山王廃寺は二〇〇六（平成十八）年度から五カ年計画で範囲・内容確認調査が進められていて、講堂の規模や回廊の状況が明らかになってきた。また、金堂の規模がこれまで想定されてき

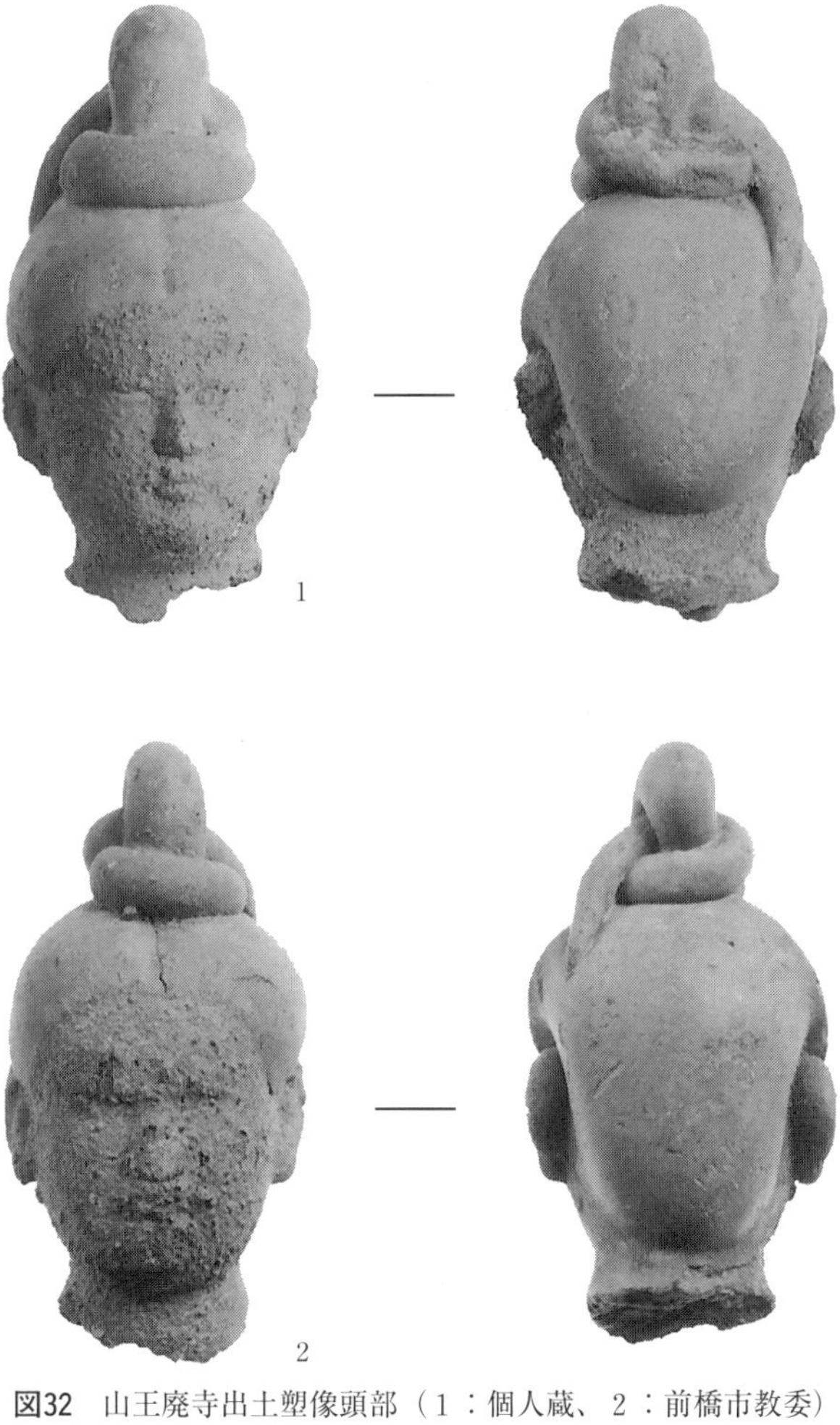

図32　山王廃寺出土塑像頭部（1：個人蔵、2：前橋市教委）

たものより大きいことが確認された。さらに、形態の異なる石製鴟尾二体が知られているが、今回の調査で初めて瓦製鴟尾の破片が出土するなど、新たな成果をあげている。これらを受けて、一九二八（昭和三）年に「山王塔址」として史跡指定された塔跡に、中心伽藍域を取り込んで二〇〇八（平成二十）年に追加指定が行われ、名称も「山王廃寺跡」と変更された。今後の調査の進展と、周辺の総社古墳群や上野国府跡、上野国分寺跡や上野国分尼寺跡などを取り込み、前橋市・高崎市と県とが連携した整備・活用がのぞまれるところである。

Ⅲ　多胡碑――建郡の記念碑

1　多胡碑の内容とその文字

(一)　多胡建郡の碑

多胡碑は、群馬県南西部を西から東に流れ、高崎市で烏川に注ぎ込む鏑川の右岸、多野郡吉井町池字御門《みかど》一〇九五の旧稲荷明神社内に所在し、境内地の高さ約一〓《メートル》の土壇上に立てられている。

現在でも「昔を語る多胡の古碑」と『上毛かるた』に読まれて広く県民に親しまれている多胡碑であるが、どんなことが記されているのかとなると、多くの人が心もとないようである。多胡碑には和銅四(七一一)年に多胡郡を建郡したことが記されており、一九二一(大正十)年に山ノ上碑と金井沢碑とともに史跡に指定され、一九五四(昭和二十九)年には特別史跡となった。そして、栃木県の那須国造碑と宮城県の多賀城碑とあわせて「日本三古碑」と称され、また、山ノ上碑、金井沢碑とともに上野三碑とよばれている、稀有な古代資料である。

多胡碑は、上野三碑のなかでは早くから注目されたもので、連歌師の柴屋軒宗長が十六世紀の初

図33　多胡碑の覆屋と説明板（上）および隣接する多胡碑記念館（下）

めに著した『東路の津登』に「上野国多胡郡弁官符碑」として取り上げられたのを嚆矢としている。江戸時代には儒学者の伊藤東涯が『盍簪録』を著して以後、藤貞幹『好古小録』、松平定信『集古十種』、狩谷棭斎『古京遺文』、伴信友『上野国三碑考』といった学者や文人墨客らによって研究が進められた。また、地元においても、高橋道斎が採拓して『上毛多胡郡碑帖』を作成し、その存在を全国に知らしめ、木部白満が上野三碑についての考察を行った『三碑考』は後の研究に大きな影響を与えた。さらに、道斎は当時江戸で一流の書家であった沢田東江を多胡碑に案内している。

この多胡碑の保護については、江戸時代の国学者である奈佐勝皐の紀行文『山吹日記』に、当地を領した旗本長崎氏によって拝殿や管理者が設置されたことが記されている。また、明治の初期には熊谷県令から初代群馬県令となった楫取素彦が雨覆や木柵等の修繕を行ったことが知られる。

そして、終戦直後の一九四五（昭和二十）年九月に、戦後の混乱によって貴重な文化財が流出することを警戒した文部省の指令にもとづいて、吉井町役場が県の史蹟調査会の指導のもと、付近住民の協力を得て、原位置の東側の畑に埋めて隠したのである。山ノ上碑、金井沢碑についても同じ指示がだされたが、これらは隠存されることはなかった。多胡碑は、地下五尺（約一・五メートル）の位置に碑面を上にして川原砂、さらには木炭で被覆して、永年保存をはかったという。これは、一九四六（昭和二十一）年に掘り出され、元に戻された。これは、国庫補助事業として採択されたが、内示、申請と事務手続にだいぶ時間がかかり、交付決定がなされたのは一九四七（昭和二十二）年八月のことであり、実際に県から経費が支出され

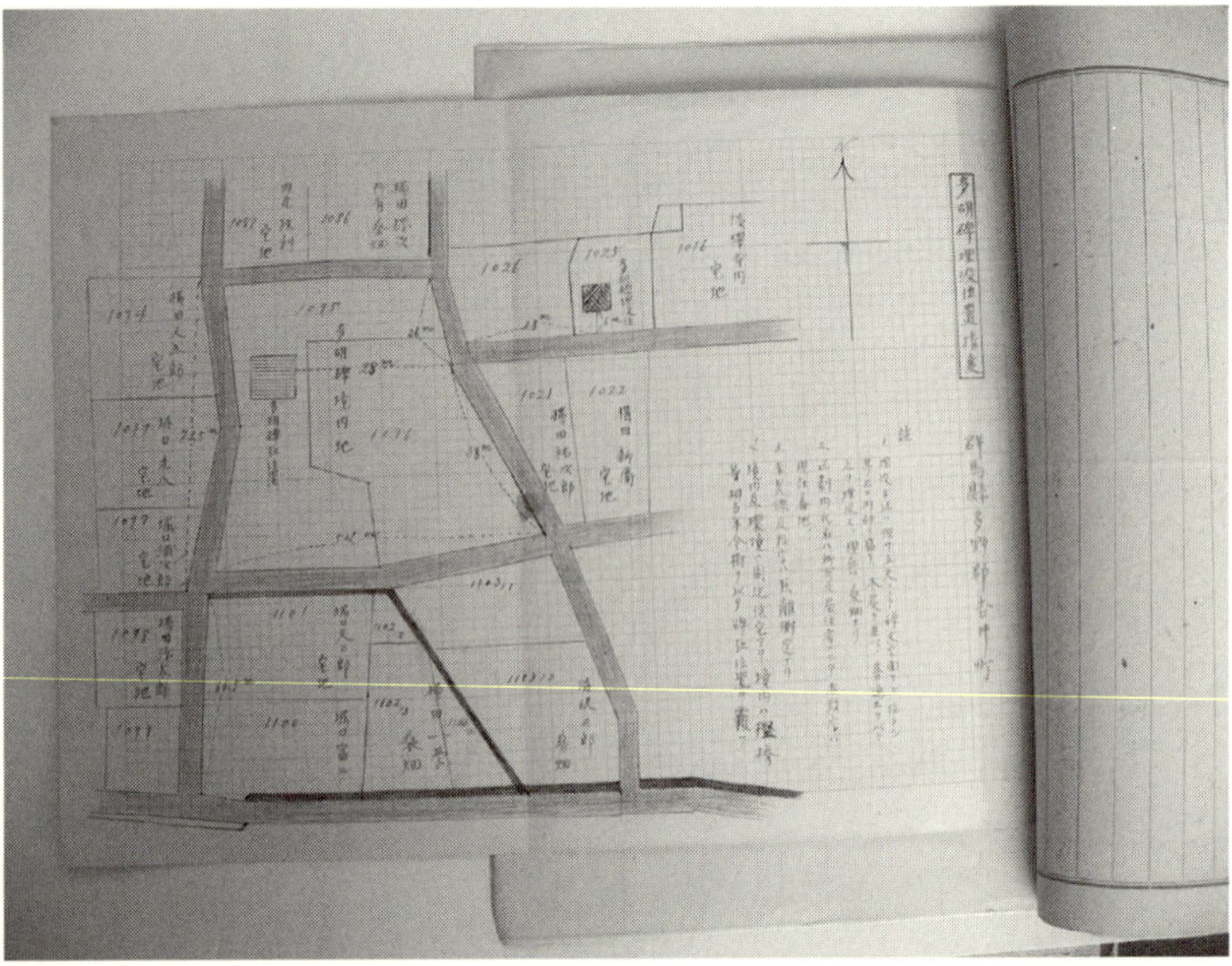

図34　多胡碑が地中に隠されたときの「埋没位置図」

たのは一九四八（昭和二十三）年四月であった。再建のとき、それまでの台石に替えてコンクリートで固定されたため、碑身下部で確認されたという「國」の字も現在は見ることができない。一九九六（平成八）年には史跡地に隣接した北側に多胡碑記念館が建設され、碑の保存と啓蒙にあたっている。

さて、多胡碑の全文は次のようである。

弁官符、上野国片岡郡・緑野郡・甘
良郡并三郡内、三百戸郡成、給羊、
成多胡郡、和銅四年三月九日甲寅
宣、左中弁正五位下多治比真人
太政官二品穂積親王、左太臣正二
位石上尊、右太臣正二位藤原尊

これを、『群馬県史』によって読み下すと、

弁官符す。上野国の片岡郡・緑野郡・甘良郡
并せて三郡の内、三百戸を郡と成し、羊に給

いて多胡郡と成せ。和銅四年三月九日甲寅に宣る。左中弁正五位下多治比真人。太政官二品穂積親王、左太臣正二位石上尊、右太臣正二位藤原尊。

となる。つまり、「上野国の片岡郡と緑野郡・甘良（楽）郡、これら三郡のうちの三百戸をあわせて新たな郡をつくり、羊を郡司として、その郡名を多胡郡としなさい」という弁官による建郡の命令が和銅四年三月九日に宣示された。それには、左中弁正五位下の多治比真人（多治比真人三宅麻呂のこと）、太政官二品の穂積親王（天武天皇の皇子で、知太政官事）、左大臣正二位の石上尊（石上朝臣麻呂のこと）、右大臣正二位の藤原尊（藤原朝臣不比等のこと）といった、当時の政府の主だったメンバー四人が名を連ねていた。

郡よりも小さな地域のまとまりとして、戸令に

「凡そ戸は五十戸を以って里とせよ」

とあるように、一つの里が五〇戸で編成されていたので、碑文に記された三〇〇戸はちょうど六里にあたる。この碑文の内容を裏づけるように、奈良時代の正史である『続日本紀』の和銅四年三月六日条には「（中略）上野国甘良郡織裳、韓級、矢田、大家、緑野郡武美、片岡郡山等六郷を割き、別に多

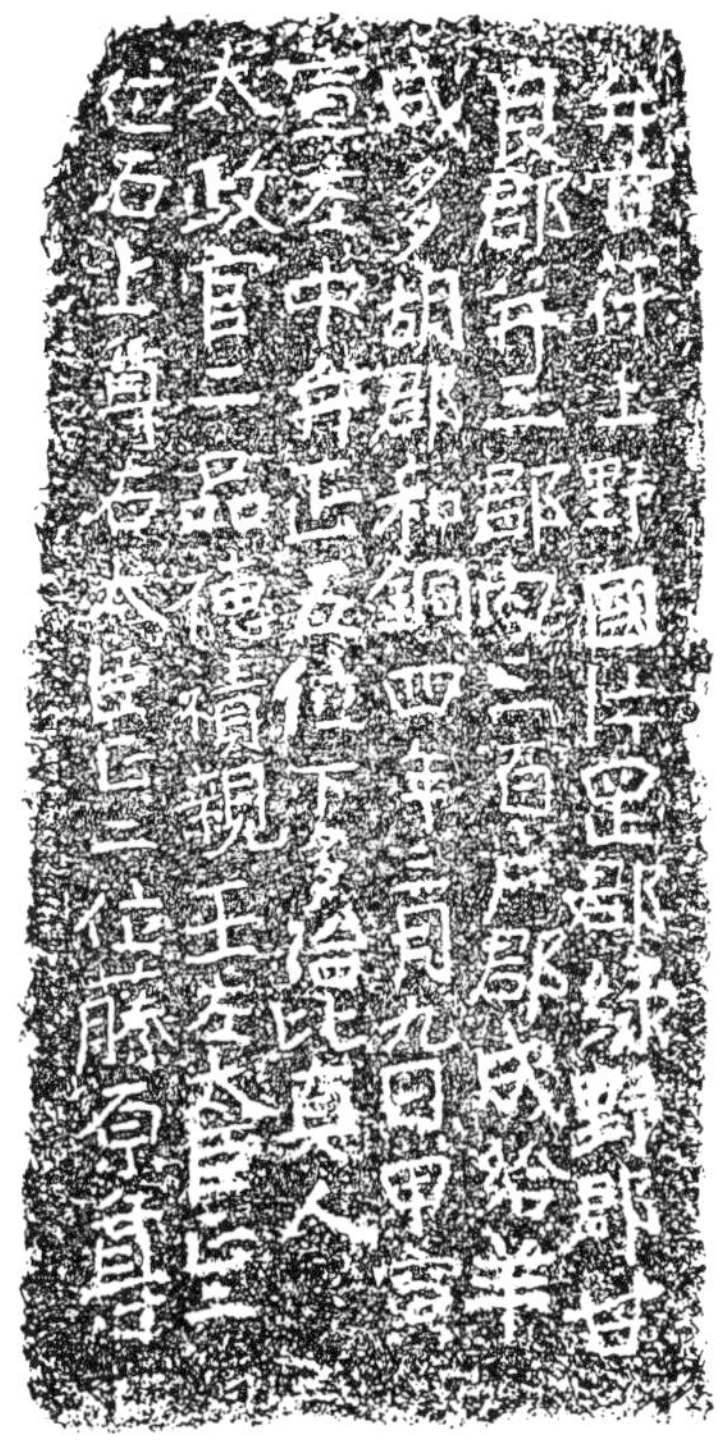

図35　多胡碑の拓本

図36　三碑研究を進展させた尾崎喜左雄

胡郡を置く」とある。このことから上野国の甘良（楽）郡の織裳郷、韓級郷、矢田郷、大家郷の四郷と緑野郡の武美郷、片岡郡の山郷のあわせて六郷を割き取って、新たに多胡郡をつくったことがわかり、多胡碑の内容と郡名や戸の数などが一致している。しかし、ここで郷としているのは本来は里とあるべきもので、『続日本紀』の編纂の際に後代の制度にもとづいて改められ、里が郷と代えられたのである。後述するように、山郷も本来は山部郷である。

ところで、多胡碑の日付は三月九日であり、『続日本紀』では三月六日となっている。二つの資料には三日間の日付のズレが認められ、このことについて尾崎喜左雄は、六日に建郡の決定がなされ、九日に公示されたものであるとした。

「弁官符」というのは多胡碑にしかみられないもので、尾崎は太政官符は弁官が伝宣するものであるから、これを「弁官符」と称したものであろうとした。これまで、この太政官符の異称とする説が有力であった。しかしながら、太政官符という一般的な呼称ではなく、「弁官符」という特別な名称をなぜ用いたのか疑問な点もある。

　そこで、東野治之は「弁官符」という独自の文書形式があったのではないかと考えた。弁官の宣が下達される場合、口頭で伝達されるのとならんで、「弁官符」という文書の形をとることもあったのではないかと推測したのである。これまで碑文は太政官符の内容を簡略に伝えたものとの見方がされてきたが、「弁官符」という独自の文書が存在し、その内容が比較的よく反映されている可能性を考えているのである。

　これに対して、森田悌は「弁官符」は下達文書の一つである勅符の異称であるとした。森田は建郡を伝える文書が太政官符であるならば太政官符と称せばよいことで、弁官符と称するのは不自然であり、また、「弁官符」なる独自の文書は公式令書式を念頭におくと想定しがたいという。

　東野は森田の説に対して、弁官符が勅符の異称ならば、なぜ碑文に弁官符ではなく、勅符と記されなかったのかと疑問を投げかけている。そして、どの説にも難点があり、碑文の「弁官符」を太政官符や勅符といった、公式令規定の公文書に当てはめて解釈することは困難であるとした。そこで東野は、平城京跡出土の長屋王家木簡にみられる「符」の使用例に命令の意味をもつ和語への当て字としての使い方があることから、新郡の設置に関する弁官の命令が木簡のように碑に記されたとしたら、「弁官符」は文書形式の符とは関係なく、「弁官おおす」の意に解してよいことになるとし、碑文は和文的命令文書にもとづくと考える新解釈を提示したのである。現時点では、この考えがもっとも妥当であると考える。

　碑文の語句のなかで難解とされている「給羊」の羊については、方角説や人名説、動物説、さらには省角・通用字説、誤字説などがある。このうち、人名説の尾崎の羊を名とみる考えが多くの支

図37　羊太夫の伝説がのこる七輿山古墳

持を得ていて、「羊に給す」というのは羊を郡司に任じたことを意味すると解釈したのである。そして、羊は氏姓をもたない渡来系の人物とみて、上野国分寺跡から「羊」と篦書きした文字瓦が多数出土することや、武美郷の地と推定される吉井町黒熊からみつかった「羊子三」の文字瓦とあわせて羊なる豪族の存在を推知した。また、無姓の渡来人として、天平神護二（七六六）年に上野国の新羅人「子午足」ら一九三人が吉井連を賜姓された『続日本紀』の記事も挙げている。ただし、「羊子三」とした文字瓦の羊はじつは辛であり、多胡郡辛科郷を表していることが後になってわかってきた。

地元では、碑文の羊と藤岡市の七輿山古墳とを関連させせて、壮大なロマンをかき立てる羊太夫の伝説が広く伝えられている。古くは中世の説話集である『神道集』に採られており、そのほか多胡碑周辺の鏑川流域の地に伝わっているものである。それは、昔、羊太夫という人がいて、八束小脛という者を従え、名馬に乗って上野国から奈良の都に日参していた。ある日のこと、羊太夫が居眠りをしている小脛の脇の下に翼が生えているのをみつけ、それを抜き取ったところ都への日参ができなくなってしまった。それを朝廷は羊太夫の謀反として討伐し、一族も七輿山宗永寺で自害したというものである。この羊太夫という伝説の主人公の名が、多胡碑銘文中の「羊」に由来するものであることは確実であろう。

ところで、多胡郡の範囲は現在の多野郡吉井町と藤岡市の一部、そして高崎市の山名周辺が含まれていた。山名には多胡碑とともに上野三碑とよばれる山ノ上碑・金井沢碑があり、このように近接する地域に日本の古代史を解き明かす貴重な資料が集中していることは、この地域がいかに卓越した場所であったかを物語っている。現在の多野郡は、一八九五（明治二十八）年に多胡郡と緑野郡の合併により各一字を取って付けられた郡名である。

（二）石材の特徴と変形した文字

ところで、多胡碑の書は楷書の手本としてもよく知られていたが、近年の研究で、その思わぬ真実が明らかになってきた。仲川恭司は多胡碑が抱える根本的な問題に迫っている。まず、碑文の布置について、上部は縦横が揃っているのに対して下部は不揃いで、渾然としていることに注目した。これが自由奔逸な書として多くの人を惹きつけているのであるが、多胡碑の石材である牛伏砂岩の水酸化鉄の集合体が縞模様となり固いため、これを考慮して布置をした結果、複雑なならびになったことを明らかにした。このように、縞模様

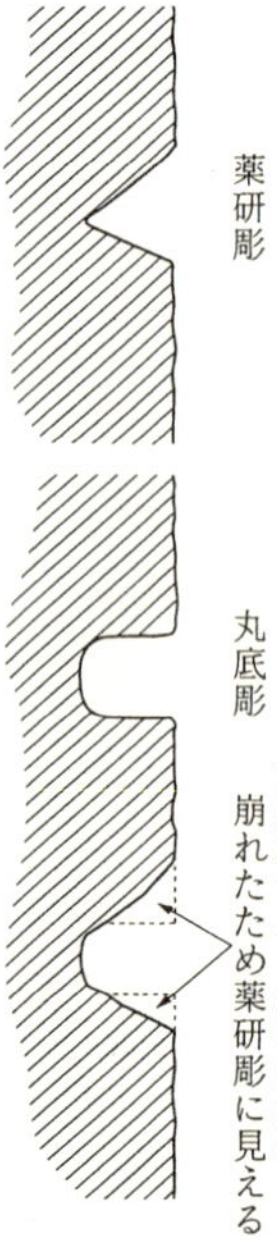
丸底彫であったのが角が崩れたため薬研彫に見える

図38　多胡碑の文字の刻線

を避けて彫り、避けられない場合は、できる限り影響を与えないところで交わるようにしており、事前に石質について十分に熟知していたと考えられるのである。

さらに、仲川によれば、多胡碑の特徴のひとつに文字が大きいことが挙げられてきたが、今日まで当時の姿を残すことができた要因として、立方体の碑形と碑文の文字の大きさ、彫られた刻線の深さによるところが大であるという。多くの書で、刻線は薬研彫によっているとしているが、必ずしも一定ではない。石碑は概して、中央付近から下部にかけて痛みやすいものであるが、多胡碑も風雨にさらされ、陽に当たってきたため、拓本を採るときに不鮮明になった部分を後世に加鑿したと思われる刻線が認められた。この刻線は摩滅や損傷した文字の線を明確にするためさらに彫り起こそうとして、薬研彫のようになったものと考えられた。それに対して、笠石の下にあたるところの文字の刻線は底を浚った跡がみられることから、多胡碑は本来、丸底彫系に入れるべきであり、碑面全体をみて、細身の線は基本的に当初の彫り跡が残っている。つまり、多胡碑の特徴とみられた太めの文字は、風化や摩滅、後世の加鑿などによって当初のものが変貌したものであった、という重要な指摘を行った。

これについて東野は、「従来のほとんどの研究が、碑の現状をほぼ当初のものとする前提で進められてきたことを思えば、この指摘は画期的なもの」と、高く評価した。

さらに、仲川は多くの拓本を比較し、年代の推定できる模刻帳とあわせて検討を加え、個々の文字の変化からその新旧をとらえることができ、紀年銘があって採拓の時期がわかるものから加刀の時期を探ることができるようになった。多胡碑はその残存状況の良さから模造品ではないかとの見方をされたこともあるが、いくつかある多胡碑の模造碑である、吉井町仁叟寺、妙義町横尾家のものがいつの時点でつくられたものであるのかも掴めるようになってきた。これらのことは、秋池や東野の研究とも密接にかかわっているものである。

多胡碑の字画には加刀によって筆画の肥ったものが少なくないことを明らかにした仲川の考えは、これまでいわれてきた多胡碑の書風について見直しを迫るものである。東野は、多胡碑の文字は石材が軟らかいために磨耗し、加刀されたのであり、それが大ぶりなのは、この軟らかい石材の特徴を意識して、多画の字を他の多くの碑のような小ささで入れた場合、字画の輻湊する箇所での欠損を生じることのないように大字を書こうと意識していたものであると考えた。

これまで、多胡碑の書風については六朝風であるという見方が多かった。それは、清の葉志詵が瘞鶴銘に比した説などで、北朝の鄭道昭の鄭羲下碑などと比較されてきた。これに対して、多胡碑の書に完成された楷書に近いものをみる説もある。清の楊守敬が『楷法溯源』で取り上げたり、力強い楷書で有名な唐の顔真卿に似ているとしたことなどである。東野は山ノ上碑、金井沢碑が明らかな六朝風を示すのに対して、多胡碑にはそれがわずかで、隋唐の書風との類似を指摘している。従来の六朝風とみる説には、碑面の二次的な

図39 『楷法溯源』に採録された多胡碑の文字

弁官符上野国片岡郡緑野郡甘
良郡并三郡内三百戸郡成給羊
成多胡郡和銅四年三月九日甲寅
宣左中弁正五位下多治比真人
太政官二品穂積親王左太臣正二
位石上尊右太臣正二位藤原尊

図40　『楷法溯源』に採録された文字の碑文上の位置

変化が影響しているのであり、碑の材質や加刀、さらには摩滅の進行もあいまって、大ぶりな文字が拓影や法帖となったときに醸し出される茫洋とした雰囲気が書風の判断を惑わしたものとみている。

　さらに東野は多胡碑の本来の書は一種勁直、蒼古ともいえる楷書が基調となった書風である。実際、碑に対すると拓影とは異なり肥大化した筆画は目立たず、張りのある鋭い刻線が迫ってくる。本碑の当初の書に類似する古代の書蹟としては、文字の大きさや材質は異なるが、「丁丑年」の銘をもつが八世紀初めの改葬時の製作とみられる小野毛人墓誌が挙げられるという。

　この多胡碑の書風についての研究は、実際に碑を見ずして拓影で評価する限界を示しており、碑そのものを観察することのたいせつさを教えてくれている。これは考古学だけに止まるものではなく、あらゆる学問についていえることである。つまり、中国に渡った拓本は多胡碑本来の書風を伝えるものではなく、後の摩滅等で変形した文字が採拓されたものもあり、中国における多胡碑の文字の評価は必ずしも当を得ているとはいえないようである。

　多胡碑の形態は、台石の上に直方体の碑身を立て、その上に笠石を載せる構造である。後補のコ

図41　多胡碑笠石の復元（左：現在の状態、右：笠石の背面を前面に移動）

ンクリート製の台石を除いて高さは一五二・五センチ、最大幅は笠石が九五センチ、碑身が六九センチである。碑身の下部はコンクリートのなかに埋没しているが、かつて、基部は角錐形で尖端は平らに切り落とされていて、戦後の隠存のときに銘文のある向きの面に「國」と一字刻まれていたという。

石材は、多胡碑の存する吉井町南部の牛伏山周辺一帯で産出する牛伏砂岩の崩落岩で、特有の数ミリ幅の水酸化鉄集合体が認められる。これは、他の部分より硬く、風化が進むと筋状に盛り上がるように残る。碑身の正面にも横方向、縦方向に走っており、碑文の布置に影響を与えている。また、碑文のある正面の加工はほぼ全体が平坦面に仕上げられているが、秋池武によると、これは細かい敲打を緻密に施すことにより平坦面をつくり出し、その後工具によって打痕を意識的に残した軽い削り加工や砥石の荒磨きなどにより、半光沢

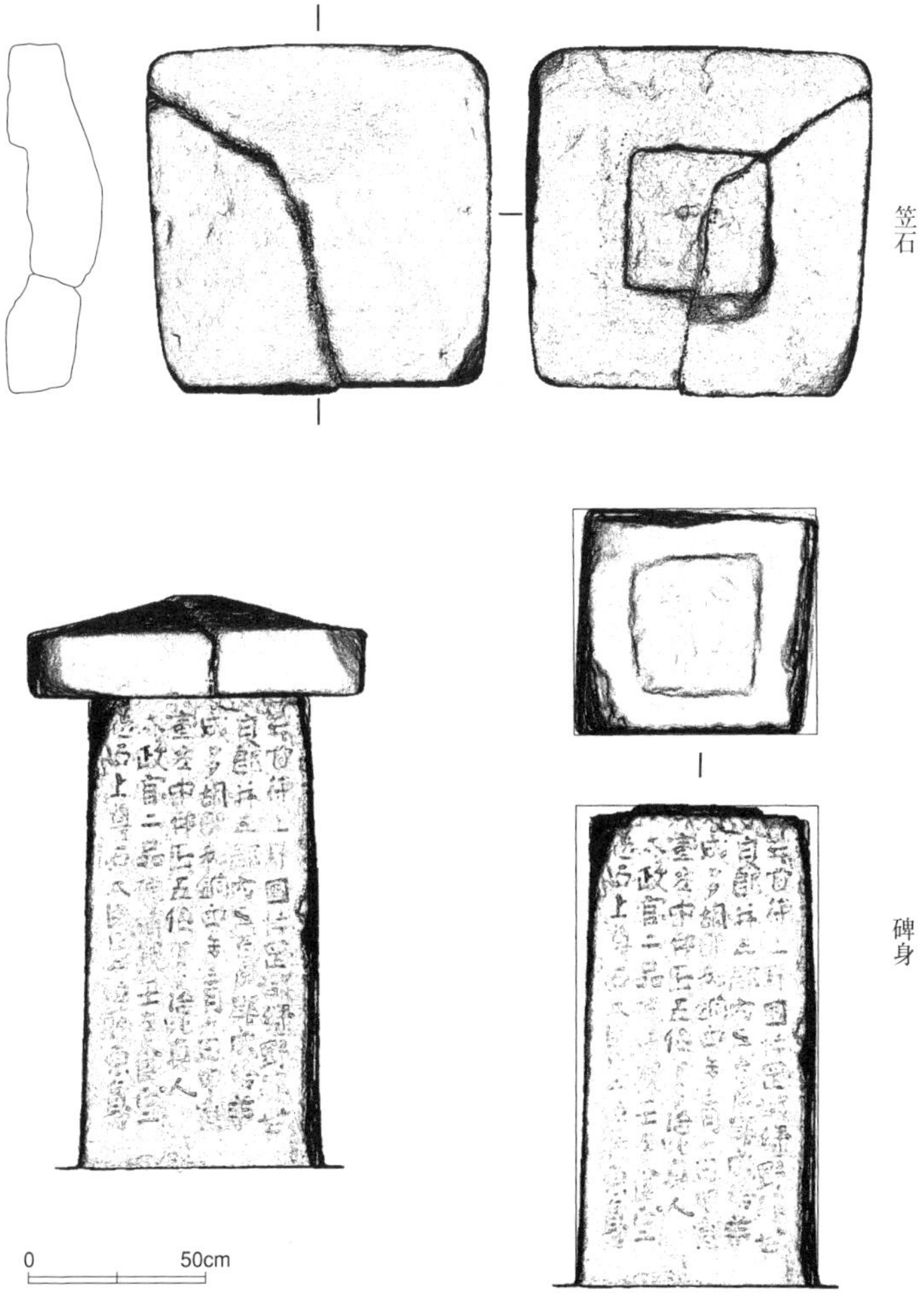

図42　笠石を置き換えた多胡碑の実測図

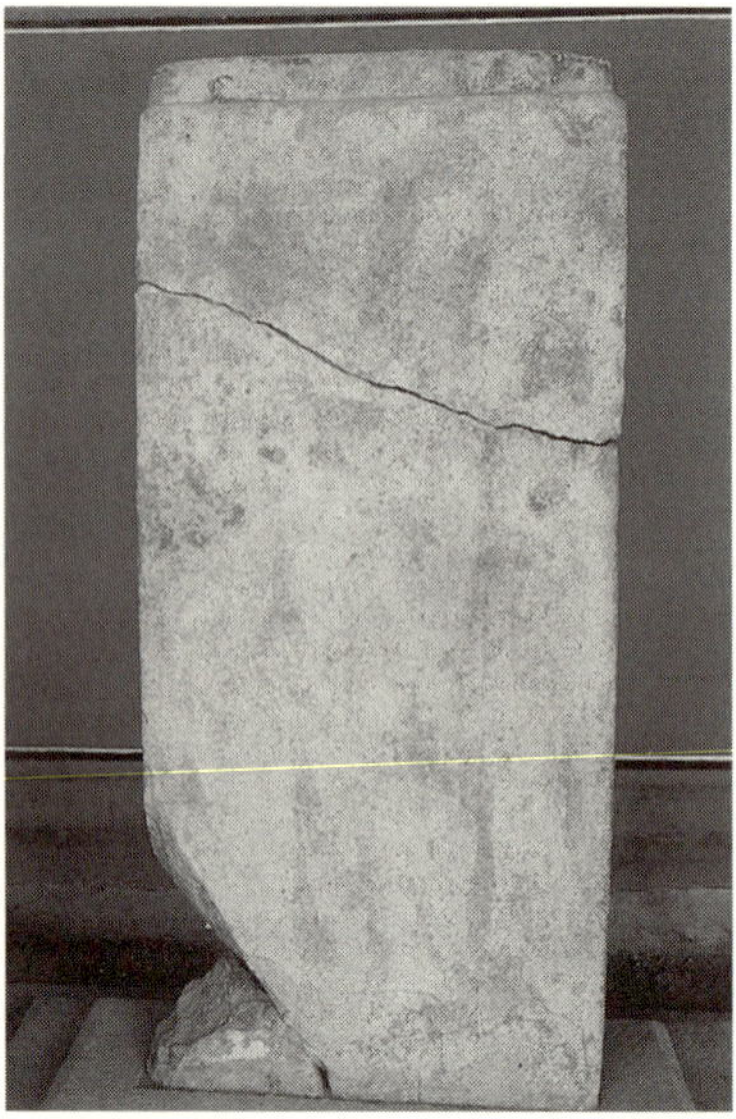

図43　新羅真興王北漢山碑

の仕上げとしているという。

笠石について、秋池は、江戸時代に多胡碑を最も忠実に描いている一七七四（安永三）年の『俳諧多胡碑集』には、笠石の亀裂が正面左側から右側の中央に描かれているという。この時点では、現在の正面部分は左側になっている。その後、一八七八（明治十一）年の宮内庁所蔵写真、大正時代の写真「絵はがき」、一九二七（昭和二）年刊行の『群馬県多野郡誌』口絵写真では現在の状態と同じでいちばん広い面が正面を向いている。

ところが、一九六七（昭和四十二）年の尾崎喜左雄『多胡碑』の挿図では亀裂が左側から背面の右端にかけてあり、現在の正面部分は右側になっている。本書の口絵写真、一九七四（昭和四十九）年刊行の『吉井町誌』口絵写真も同じである。一九二七（昭和二）年から一九六七（昭和四十二）年の間には、戦後まもなくの一九四五（昭和二十）年九月に多胡碑が東側畑の土中に隠存された際の復元時に、無傷の広い面を正面にもってきたようである。秋池は、笠石と碑身の詳細な検討を行い、現在の背面が建立時の正面であることを明らかにした。これまで、どこか調和のとれない多胡碑の笠石は碑身と笠石に残る痕跡をもとに、背面を正面にもってくることによって洗練された姿に復元できることがわかったのである。

図44　阿波国造碑と碑の保存に努めた富崎伊都雄宮司

ところで、多胡碑のような形態の碑は、中国ではほとんど知られておらず、東野治之は、朝鮮においては五世紀後半につくられた新羅真興王巡狩碑のうちの北漢山碑や磨雲嶺碑を挙げている。しかしながら、現在、韓国の国立中央博物館が保管する北漢山碑は厚みのない石材を用いており、断面が長方形をしている。

日本での多胡碑の類例としては、那須国造碑と阿波国造碑がある。那須国造碑は、栃木県大田原市湯津上の笠石神社のご神体として祀られている。碑文は堅緻な花崗岩を研磨し、八行にわたって一五二文字が整然と割り付けられ、那須国造那須直韋提の永昌元年（六八九）の評督任官とその死亡記事、碑建立の目的を記している。また、阿波国造碑は養老七年（七二三）の銘をもつ阿波国造粟凡直弟臣の墓碑で、徳島県名西郡石井町の中王子神社のご神体として祀られてきた。塼製で、正面には「阿波国造　名方郡大領正七位下　粟凡直弟臣墓」と三行にわたって一九文字が、側面には「養老七年歳次癸亥　年立」と二行に一〇文字が刻まれている。写真でわかるように高さは二八・七センチと小ぶりだが、多胡碑や那須国造碑の形態から、碑身の上部に笠石、下部には台が付けられていたとみられる。これら二つの記年を有する碑の存在からも、多胡碑が八世紀前半に建立されたものであることになんら不審はないのである。

2　多胡建郡とその郷

(一) 郷名を記す文字瓦

多胡郡は和銅四（七一一）年の建郡以来、上野国の古代史上で重要な役割をはたしてきた。その郷については、『続日本紀』の建郡記事や『和名類聚抄』の郷名から知られるが、郡郷名が記された墨書土器と同様に上野国分寺跡からは多胡郡にかかわる文字瓦が多数出土している。これまでに多くの先学により、その文字の内容について紹介・検討がなされてきた。とくに修造の時期には多胡郡が中心的な役割を担っていたことが明らかになってきており、文字瓦に記された郷名と氏族の表記の仕方から、上野国分寺の造営にかかわった多胡郡内の郷とその氏族についてみてみよう。

上野国分寺を中心に出土する文字瓦についての研究を概観すると、古くは、一九三〇年に住谷修が収集した文字瓦、拓本を整理して活字で紹介した。このなかには、すでに「八田甲斐万呂」や「武子長万呂」など上野国分寺文字瓦を代表するようなものが多く含まれていた。しかしながら、拓影が掲載されなかったため、それぞれの文字を確認することはできなかった。一九三四年になると、相川龍雄が住谷の収集した文字瓦を中心に拓本で紹介した『上野国分寺文字瓦譜』が著され、これは戦前の採集資料の集大成ともいえるものであった。そして、篦書き文字瓦について、大部分が姓氏であり、地名・寺名らしいものは発見されていないとし、一枚の瓦に二つの姓氏を書いたものは一つもみつかっておらず、一人ごとに一枚ずつ篦書きして寄進したものと考えた。また、瓦製

図45　上野国分寺跡出土「多胡郡織裳郷」銘瓦

作の手数を省くために文字の省略を行っていることも明らかにした。つづいて、住谷や松田鑽らも『上毛及上毛人』誌上で私見を述べている。住谷は、『上野国分寺文字瓦譜』のおのおのの文字瓦について、発見の状況から、他の資料の所在や個個のものの比較を通して解説している。松田は「上野古瓦文字」で相川の言うように、篦書きの文字を姓名として考え、関連する資料を引いて、古代氏族とのかかわりを考察した。

相川はその後も上野国分寺文字瓦について検討を加え、「上野国分寺文字瓦の考察」などで、郷名との類似から多胡郡内の郷に居住した姓名が多いとしている。そして、豊国覚堂と同様に、寄進者が自ら窯へ行き寄進する瓦の一枚に署名したものと考えた。当時、松田が採集した「山字乙稲万呂」は知られていたが、相川は例外的なものと考えた。そして、拓影では示されていないが「山部」や「武部」も採集されていることから、一文字の織や武は織部、武部というような氏族名としてとらえており、上野国分寺の文字瓦は省略の多い難解なものであるとした。このような先学の指摘には読みなどに部分的な誤りもあったが、傾聴すべき点も多かった。

ところで、図46の①・②の四文字目はカタカナ

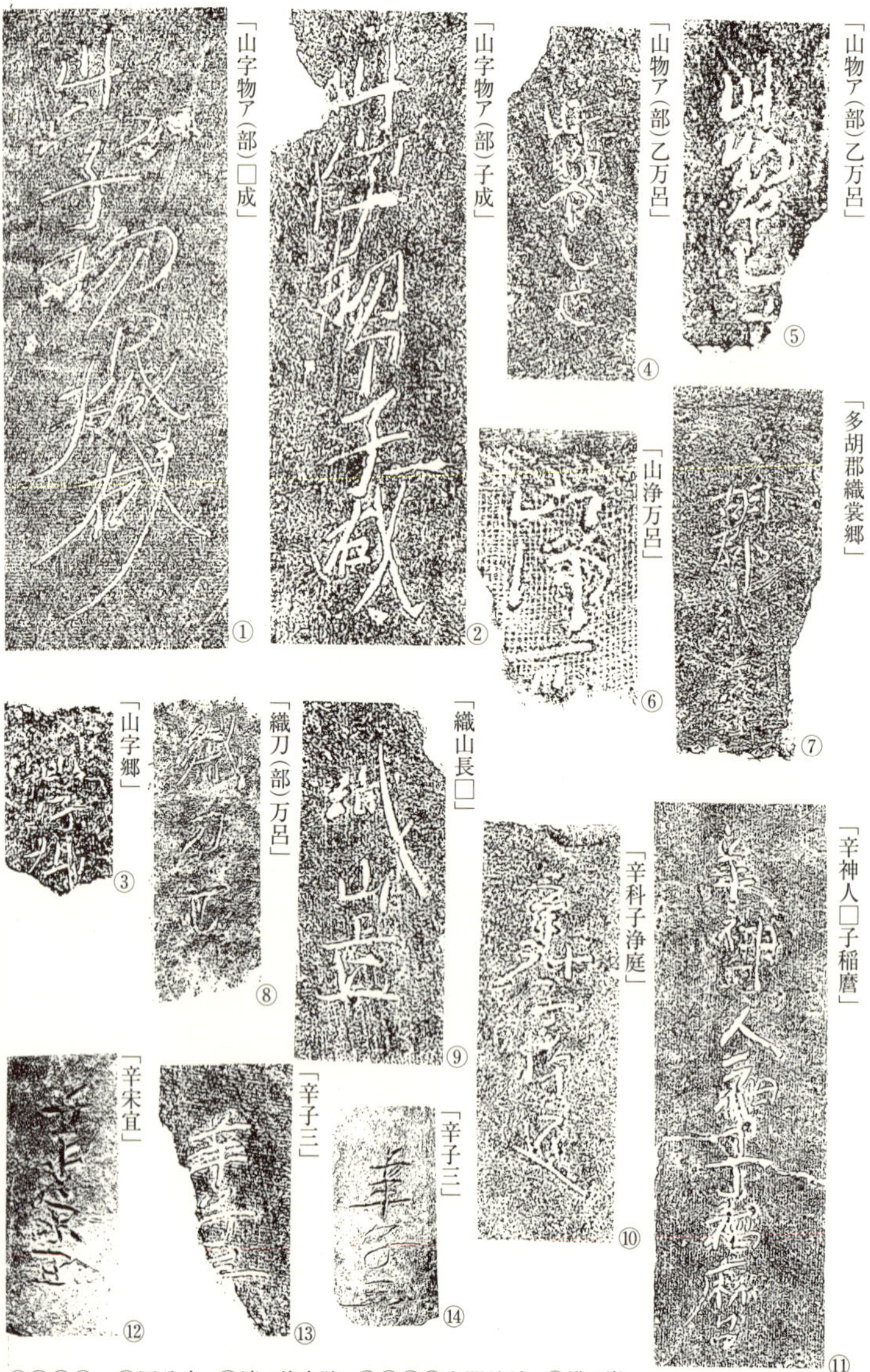

①②④⑥～⑩国分寺　⑤滝ノ前窯跡　③⑪⑫⑭中間地域　⑬塔ノ峯

図46　上野国分寺跡等出土箆書き文字瓦の拓本（１）

の「ア」あるいは「マ」のようであるが、これらは「部」の旁である阝（おおざと）を書いて部を表しているのである。これについては、古代の史料にもしばしばみられるもので、金井沢碑に「儀マ」、吉井町矢田遺跡では「物ア」と刻書された石製紡錘車がみつかっており、それぞれ儀部、物部を表している。

このような戦前の成果を踏まえて、それに上野国分寺や中間地域などの発掘調査によって出土した資料を中心に総合的に検討を加えたのが前沢和之である。前沢は箆書き文字瓦の内容を検討するには、多くを占める一字、二字のものではなく文字数の多いものが手がかりになるため、「山字物部子成」に注目した。比較検討の対象になるものとして「山物部乙万呂」があり、このうちの「物部」は氏族名、「子成」や「乙万呂」は名であるとみて間違いないとした。また、「山字」については、高山寺本の『和名類聚抄』などにみえる多胡郡山字郷のことであり、「山」一字に省略されて書かれる場合もあるとした。つまり、箆書き文字瓦には郷名と氏族名と名を表記するものがあったことを明らかにしたのである。このことから、「八伴氏成」は八田郷の伴の氏成であり、その応用として「山浄麻呂」は郷名と名とみて、山字郷の某の浄麻呂と考えた。さらに、郷名のほとんどが多胡郡のものであり、郡名から書かれているものは一点のみであることから、箆書きするにあたって郡名を記して他と区別する必要がなかったからと推測し、このことは郷名が省略して表記されていることとも通じるものがあるとした。

前沢の研究はこれまでの採集資料を対象としたものではなく、発掘調査によって自ら取り上げた資料を分類し、文字数の多い山字郷にかかわる資料を根幹に据えて厳密な検討を加えたものであ

表1　『和名類聚抄』にみえる多胡郡の郷名

高山寺本	東急本	名博本	備考
山字（也末奈）	山宗（也末奈）	山字（ヤマナ）	山部郷（法隆寺資財帳、正倉院宝物庸布銘）
織裳（於利毛）	織裳（於利毛）	織裳（ヲリモ）	
辛科（加良之奈）	辛科（加良之奈）	辛科（カラシナ）	韓級郷（『続日本紀』）
大家	大家	大家	
武美	武美	武美	
	俘囚	俘囚	高山寺本には記載なし
八田	八田	八田	矢田郷（『続日本紀』）

り、上野国分寺文字瓦の研究の一つの到達点と評価されるものである。しかしながら、先学が氏族名とした「武部」や「山部」についてはほとんどふれなかった。

多胡郡の郷名について、十世紀頃に成立した『和名類聚抄』の諸本では、表1のようであり、『続日本紀』にみえる韓級郷・矢田郷については諸本とも辛科郷・八田郷である。また、高山寺本以外には俘囚郷が記されており、上野国内では碓氷郡と緑野郡に認められるものである。

山字郷　多胡郡の六郷のうち、片岡郡から割かれた郷で、『続日本紀』では山と記しているが、『和名類聚抄』の高山寺本などでは山字（也末奈）とある。山ノ上碑・金井沢碑が所在する高崎市山名町を中心とする地域で、この山については、次節で述べるように、桓武天皇の諱と同じ「山部」郷であったものが、延暦四年（七八五）の詔による避諱の結果、「山」に改められ、

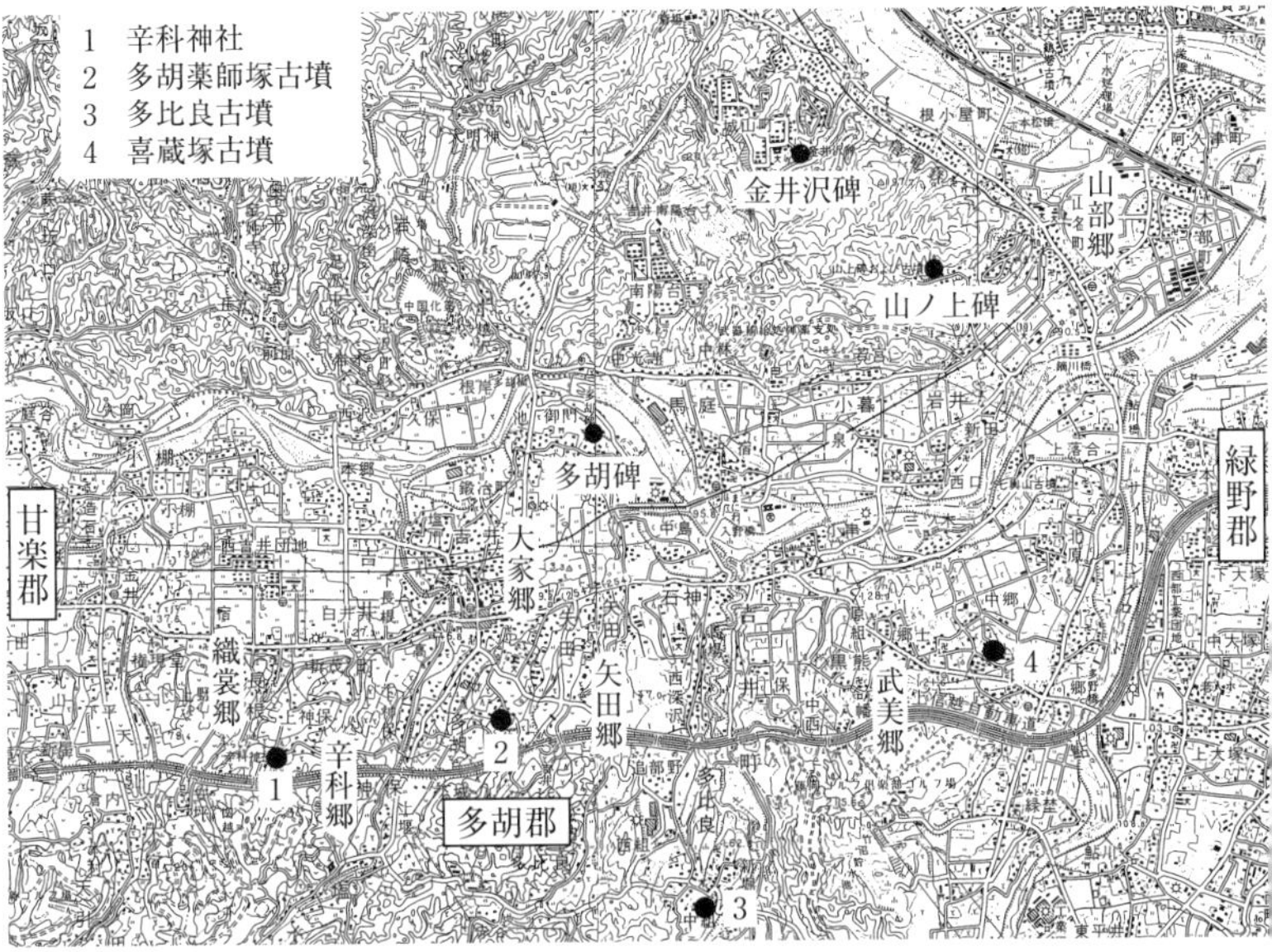

図47　推定される多胡郡の郷の位置と終末期古墳等（1/100,000）

ある時期に「山字」郷となったというものである。そして、法隆寺の食封であったことも知られ、山部氏との深いかかわりを考えると、山部郷に山部氏が居住していたことも想定される。

図46の③の「山字郷」と箆書きされた文字瓦は上野国分寺と尼寺との中間地域から出土しているが、上野国分寺では図46の②「山字物部子成」、④「山物部乙万呂」、⑥「山浄万呂」のように山字あるいは山に物部子成、物部乙万呂、浄万呂というような人名をつづけたものが多い。前述したように、これらのパターンから前沢は多胡郡の郷名を示す箆書き文字瓦を同様に整理したのである。つまり、郷をきちんと「山字」と書く場合と、「山」のように郷名の頭の一文字のみで省略する場合がある。また、人名についても、物部子成のようにフルネームで記されることもあるし、浄万呂のように名のみの場合もあり、ここでもし

図48　上野国分寺跡出土「織山長□」銘瓦

ばしば省略がなされたのであるとした。

しかしながら、山字郷内に山部氏の存在が想定され、住谷の指摘のように「山部」の文字瓦もあったとすれば、「山浄万呂」も山字浄万呂とだけみるのではなく、郷名は記さずに山部浄万呂という人名のみを書いた可能性も十分考えられるのではないだろうか。

図46の④と⑤はよく似た筆跡で「山物部乙万呂」と記している。このうち⑤は、吉井町滝ノ前窯跡採集のものであることから多胡郡内で生産されたことがわかり、複数の瓦に同じ銘が記されたことになる。

織裳郷

上野国分寺文字瓦のなかで唯一、郡名と郷名がつづけて書かれているものに図46の⑦「多胡郡織裳郷」がある。箆書きの郷名は断らなくても多胡郡内のものであることが了解されていたかのような感があるなかで、郡・郷名ともに記されているのは稀有な例である。

ところで、早くから知られていた銘に図46の⑧があり、以前は「織刀女」と読まれてきたもので、織（裳郷）の刀万呂と読み、郷名と名であるとされた。しかしながら、これまでみてきたように、二文字目はア（部）、三文字目は万呂であるから「織部万呂」という人名を記したものであることがわかる。つまり、郷名を書かないで、人名だけを記入したものもあることが明らかになったのである。

さらに、図46の⑨「織山長□」の最後の文字は一のようであり、単に一というよりは前沢が指摘するように万呂の略字を意識したものかもしれない。これは、織部というよりも、織裳郷の山長万呂とみられるが、前述のように山が山部であると考えられるならば、織裳郷の山部長万呂の省略の可能性もあろう。いずれにしても、複数文字が記された場合は、前後のつながりで十分な検討が必要である。

吉井町長根に折茂の集落があり、東には辛科神社が接して存在することから、尾崎は辛科神社を境にして郷域を考え、西を織裳郷、東を辛科郷とした。織裳とは布生産とかかわりのある地名と考えられる。

辛科郷

辛科郷名の文字瓦についてみてみると、図46の⑩〜⑭のとおり、「辛」の字はいずれも一文字目にきている。この辛は「辛」や「辛」と書かれたもので、辛の異体字である。辛科と書かれたものには⑩の「辛科子浄庭」があり、辛科郷の子浄庭という名として理解されている。しかし、辛科と郷名をしっかり書いておいて、氏族名を省略して名のみ記したとも思われず、「子」は氏族名を表している可能性もある。

また、⑪は文字瓦中最多の七文字が記されたもので、「辛神人□子稲麿」と読める。⑫「辛宋宜」は辛科郷の宋宜であることがわかり、一文字に省略された郷名と氏族名とが記された例である。宋

図49　辛科郷の名をとどめる辛科神社

宜（部）については、平城宮跡出土の木簡に上野国甘楽郡新屋郷の上戸「宋宜部猪万呂」の名がみえており、かつて甘楽郡であったこの地域においても宋宜部の分布を認めることができるのである。このことは、法隆寺の食封となった山部郷と関連させて、蘇我氏の影響が及んでいたものと考えられる。

辛科郷は、『続日本紀』和銅四（七一一）年の多胡建郡の記事には韓級とあるが、『和名類聚抄』の諸本は辛科で一致しており、「上野国神名帳」には辛科明神が記されている。辛科神社が現在吉井町に鎮座していることと考え合わせれば、辛科が地域における一般的な呼称であったとみられる。上野国内では、辛の文字を用いた氏族はこれまで知られておらず、文字瓦の「辛」一文字は郷名を表しているものとみられるが、辛あるいは韓の文字から渡来系の人びとが居住したものと推測されている。

ところで、文字瓦のなかで、早くからその存在が知られていたものに⑬「辛子三」と書かれたものがある。これは、吉井町黒熊塔ノ峯で採集されたもので、かつては「羊子三」と読まれ、多胡碑の羊と関連させて、その人名説を補強する有力な資料の一つとされてきた。尾崎喜左雄は、この文字瓦と国分寺の文字瓦のなかに「羊」と書かれたものがあることから、この羊が同一の人物であるとした。そして、「羊子三」は光明皇后が「藤三娘」と称したことと似た形を取ったものと考えた。つまり、彼女は藤原不比等の三番目の娘ということで、「羊子三」は羊の三番目の子というように理解したのである。画数は多いが、羊と読める部分があったことからそのような理解がなされたのである。ところが、国分寺中間地域の発掘調査が行われ、同様に箆書きされた⑭「辛子三」が出土したことから、これまで羊と読まれてきた一文字目は羊ではなく、辛の異体字であることが明らかになった。これは、辛科郷の子三という名としてとらえることができるであろう。

辛科郷は吉井町上神保所在の辛科神社にその名をとどめている。辛科神社は「上野国神名帳」の多胡郡の筆頭に「従二位辛科明神」とある。

大家郷　大家郷と刻まれた資料はないが、図50の①「大家」がある。これは大家郷の郷を記入しなかったものと考えられるが、大家郷の「大」と家成などの名の一字「家」で、郷名と名を省略してつづけた可能性もある。同様に、図50の②「大伴」は氏族名の大伴（部）とも考えられる。神護景雲三（七六九）年に甘楽郡の竹田部・糸井部のなかから大伴部を賜った者がいることから、この地域に大伴（部）の分布が知られる。しかし、大伴氏は弘仁十四（八二三）年に

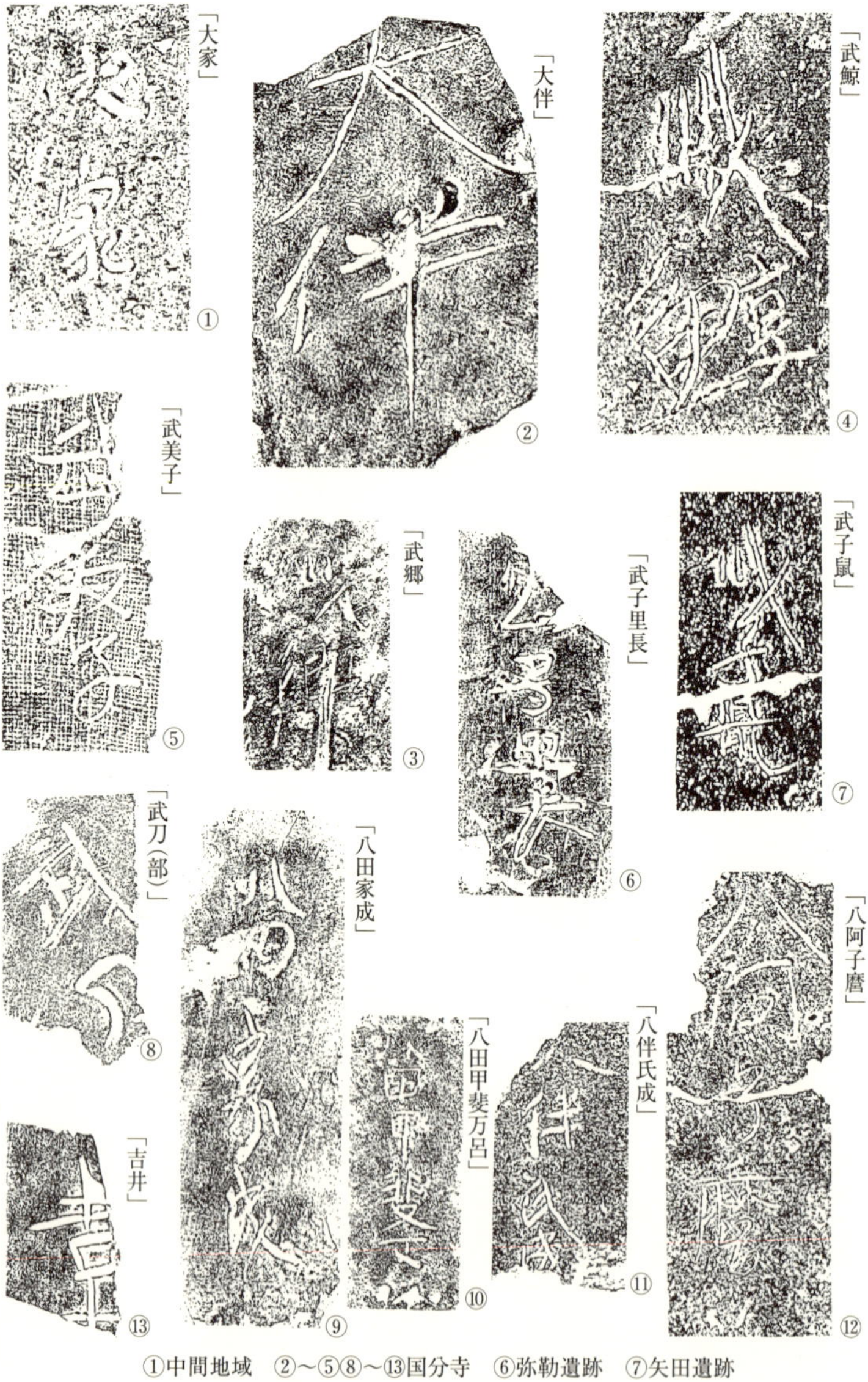

①中間地域　②～⑤⑧～⑬国分寺　⑥弥勒遺跡　⑦矢田遺跡

図50　上野国分寺跡等出土箆書き文字瓦の拓本（2）

図51　大宮神社

淳和天皇の諱大伴を避けて伴と改めているので、上野国分寺の修造の時期と微妙に絡んでくる。この大伴は大家郷の伴という氏族名を表している可能性もある。

尾崎によれば、大家郷はおおやけ（公）郷で甘楽郡から割かれたものであり、郡の中心、つまり郡衙が置かれた地と考えられた。また、多胡碑が所在する大字池字御門の「御門」は県内各郡のうち八つに現存する地名で、郡衙の所在地と推定している。さらに、郡衙を守護する大宮神社も近くに鎮座していることから、大家郷を御門付近に想定したのである。

武美郷　武美郷を記したものとして、図50の③「武郷」がある。一文字目は前沢が指摘するところの武の崩し字であり、④の一文字目は縦棒が四本の違いはあるがこれも武を表している。「武郷」は武美郷の美を省略したもので、

図52　二之宮洗橋遺跡出土「芳郷」銘墨書土器

同様の例では前橋市二之宮洗橋遺跡で「芳郷」と墨書された土器が出土している。これは『和名類聚抄』にみえる勢多郡芳賀郷を表したものと考えられている。

また、⑤「武美子」は三文字のみであり武美郷の子という名ということだが、郷名をしっかり書いているのに、一文字の名だけというのも不自然で、氏族名としての子の可能性がある。⑥「武子里長」は前橋市弥勒遺跡出土で、上野国分寺からもち出され、転用されたものである。武美郷の子で里長を表しており、九世紀の修造用の瓦であるので里長は郷長などに対応する形のものではなく、「さとなが」という名である可能性が高いであろう。さらに、⑦「武子鼠」は矢田遺跡出土のもので、三文字目は鼠の異体字であることから、武美郷の子鼠ということである。前述したように、奈良時代には十二支を名前とすることも多く、ネズミを意味する子と鼠をつづけていることから、子という氏族の鼠という名か、子鼠という名であろう。

ところで、⑧「武刀」と書かれたもので、前述したように刀は部であるから、これは「武部」を

図53　黒熊中西遺跡の寺院跡

表している。つまり、「武鯨」「子鼠」などの名の前についた一文字の「武」は、武美郷の省略とみられるとともに、氏族名の武部が省略されたと考えることもできるのである。武美郷は緑野郡から割かれた郷であるが不明な点が多く、尾崎は藤岡市に近い吉井町大字多比良、石神、黒熊あたりの地を想定した。

黒熊の中西遺跡では低い丘陵部に数棟の礎石建物がみつかり、上野国分寺跡出土のものと同笵の軒丸瓦、軒平瓦を用いた寺院跡であることがわかった。その存続の時期は九世紀頃とみられることから、緑野寺によった道忠教団の継続的な活動と関連させてとらえることができるであろう。緑野寺は藤岡市鬼石町に所在する、上野国において最もよく知られた寺院であり、郡名を付けていることから郡司が檀越として運営した郡寺であったと考えられる。緑野寺は東国化主と称された道忠

図54　矢田遺跡出土「八田郷」銘刻書石製紡錘車

によって開かれたもので、道忠は鑑真の持戒第一の弟子といわれ、上野・下野両国を中心に広範囲な布教活動を展開し、多くの弟子を育てていた。この道忠教団の活動を文字瓦に名がみえる多胡郡の物部氏らが支えていたのであろう。前述した黒熊塔ノ峯遺跡や滝ノ前窯跡などが上野国分寺修造期の瓦の生産地でもあり、それぞれが密接なかかわりをもっていたものと思われる。

八田郷

八田郷に関した文字瓦には図50の⑨「八田家成」、⑩「八田甲斐万呂」などがあり、それぞれ八田郷の甲斐万呂、家成という名とみられている。しかしながら、八田は郷名とみるだけではなく、八田部という氏族名とも考えられることから人名である可能性もある。

このほか、八田とは記されていないが、一文字の八も八田郷を表しているようで、⑪「八伴氏成」、⑫「八阿子麿」などは、八田郷の伴氏成、阿子麿という人名を記入したものとみられている。伴は伴部であり、前述したように八二三（弘仁十四）年に大伴氏が伴氏と改められた時期に、甘楽郡内の大伴部も伴部となったと考えられるから、それ以降の時期に製作されたものであろう。また、阿子麿についても阿部の部が省略されたと考えられる。つまり、「八伴氏成」は八田郷の伴部の氏成、「八阿子麿」は八田郷の阿部の子磨とみることができ、これらは氏族名が一文字に省略された貴重な例である。

八田郷は吉井町大字矢田の地が推定されていた。上信越道の建設にともなう矢田遺跡の発掘調査で大集落がみつかり、八田郷の大勢が明らかになった。また、多量の石製紡錘車の出土から養蚕が盛んであった様子がうかがえる。さらに、八田郷の郷名の文字については、『和名類聚抄』の諸本は八田であるが、『続日本紀』では矢田と記されている。文字瓦のほかに、矢田遺跡からは「八田郷」と線刻された石製紡錘車が出土していることから、一般的な呼称としては八田郷であったと考えられる。

箆書き文字の意味するもの

このように、上野国分寺跡出土の文字瓦のうち箆書きのものは地名（郷名）と人名（氏族名、個人名）を表しているものが多く、その郷名は判読できるほとんどのものが多胡郡の郷である。また、その郷の所在地の比定は尾崎が想定した地域が妥当であると考えている。

一文字に省略された郷名については、「山物部乙万呂」の山が山字郷を表していることは「山字物部子成」などとの比較で容易に理解される。しかし、「山浄万呂」や「武鯨」などは「山」や「武」に「浄万呂」「鯨」という名とみられる文字がつづいている。これを、山字郷と武美郷という郷名に名がつづく例であるとするのは、一つの解釈として理解できる。しかし、前述したように図46の⑧は「織部万呂」と読むことができ、郷名は記さずに人名だけを書く場合もあったのである。加えて、「八伴氏成」のように八田郷の伴部を郷名・氏族名とも一文字に省略して「八伴」としたり、「織山長□」や「八阿子麿」のように織裳郷の「山部」、八田郷の「阿部」を省略したものもある。さらに、「武部」と記されたものも存在することから、「織」や「山」「武」「八」一文字に

図55　上野国分寺七重塔の復元模型

名がつづく場合は織裳郷や山字郷、武美郷、八田郷といった郷名であるのか、織部や山部、武部、八田部といった氏族名の省略であるのか即断はできない。このことは、多胡郡を構成する郷のうち、山部（山字）、織裳、武美、八田の各郷については、由来となる氏族が居住していたことによる郷名の成立と理解され、建郡の際の状況の一端を垣間みることができるのである。

上野国分寺跡出土の文字瓦のうち、篦書きされた人名は特定の人名が多数出土しているのではなく、同じものは多くても四〜五点であることから、瓦を製作した工人の署名とは考えにくい。これまでもいわれているように、個人名であることから、瓦を寄進するためにつくらせた者の名を書いたものである可能性が高い。そして、この氏族は山字郷では物部、辛科郷では宋宜、八田郷では伴といった人びとが居住していたことがわかっている。さらに、織部・武部といった氏族の存在も確実視されるのである。そして、これら文字瓦に表れた氏族こそが上野国分寺の造営（修造）に深くかかわっていたものと考えられる。

「子」について

多胡郡の郷名を表す篦書き文字瓦について、人名とのかかわりからみてきたが、その過程でしばしば目にした「子」の文字について考えてみよう。

「山字子文麿」のように、郷名の後に子が頭に付く名が多く認められたが、これは「子」という氏族を表している可能性がある。古代においては、子をはじめとした十二支を名に付けた例も多いことから、「子○○」という名であるのかもしれない。それらをまとめて示したのが表2である。このうち、「辛科子浄庭」は、辛科郷の子の浄庭であり、「武美子」は武美郷の子という一字の名であるとみるよりは、「辛宋宜」と同様に郷名と氏族名としてとらえることができるだろう。また、「武子里長」は武部子里長という人名である可能性もあるが、武美郷の子の里長とみることもできる。さらに、国分寺中間地域出土の「子枚男」は前に郷名はつかないのは明らかなので、これも子の枚男という人名を表しているとみて、「子」を氏族名と考えることもできるであろう。

これについては、『続日本紀』天平神護二（七六六）年五月に、上野国内の新羅人の子午足ら一九三人が吉井連を賜ったことが知られている。この記事からは、子午足は日本の姓はもっていないようであり、その居住地も記されてはおらず、短絡的に吉井連から推測して多胡郡にいたものとすることはできな

表2　「子」の文字がみられる文字瓦

銘文	郷名＋名	出土遺跡
山字子文麿	山字(郷)＋子文麿	上野国分寺跡
辛科子浄庭	辛科(郷)＋子浄庭	上野国分寺跡
辛子三	辛(科郷)＋子三	塔ノ峯、国分寺中間地域
武美子	武美(郷)＋子	上野国分寺跡、国分寺中間地域
武子長万呂	武(美郷)＋子長万呂	上野国分寺跡
武子里長	武(美郷)＋子里長	弥勒遺跡
武子鼠	武(美郷)＋子鼠	矢田遺跡
八子	八(田郷)＋子	上野国分寺跡
子枚男	子枚男	国分寺中間地域
子総	子総	上野国分寺跡、国分寺中間地域

図56　上野国分寺跡出土「吉井匚」銘瓦

図57　千保原遺跡出土「□井連里」銘瓦

い。しかし、上野国分寺跡からは文字瓦の図56の「吉井」も出土しており、吉井町矢田では図57「井連里」が採集されていて、前後が割れて不明な点があるが、吉井連と記されていた可能性が高いものである。また、吉井連となったのは一部で、他の者はそのまま「子○○」を名乗っていた可能性もあり、子午足という名は「子」という文字を考える際に一つの手がかりとなるものであろう。

同様に、『続日本紀』天平宝字二（七五八）年に美濃国席田郡大領の子人が賀羅造の姓を賜った記事が認められる。この子人は、霊亀元（七一五）年に尾張国人の席田君邇近とともに美濃国に席田郡を建てた新羅人七十四家の関係者とみられている。そして、このときの尾張守は平群朝臣安麻呂で、上野守として多胡建郡を成し遂げた後の任地においても、隣国の美濃国席田郡の建郡にか

図58　50年前の調査でみつかった天良七堂遺跡の礎石建物

かわっていることが注目される。このことから、渡来系の子午足らも多胡建郡に関与した者たちで、多胡郡に広範囲に居住していたと考えることもできるのではないだろうか。

（二）史跡としての多胡碑

多胡郡の役所である郡衙について考えるとき、最近の発掘調査で話題になった太田市の天良七堂遺跡がまずあげられる。この遺跡は、四方を長大な掘立柱建物で囲まれた一辺が約九〇メートルの石敷きの空間がみつかり、新田郡衙の中心部分である郡庁と考えられた。平安時代の国司交替の際の引継文書である「上野国交替実録帳」には、新田郡衙の郡庁を構成した建物に「長屋」とよばれる施設が東西南北にあったことが記されており、まさに記述どおりの建物群が姿を現したのである。上野国内の他郡には邑楽郡に横屋が認められる以外にこのような横長の建物を想定できる記載はなく、無実（すでになくなったもの）の記録であることを踏まえても新田郡庁の特徴的な建物であったことがうかがえる。

この地域ではこれまでに、主要地方道足利伊勢崎線に沿うように、東から白鳳期の寺院跡である寺井廃寺、新田郡衙とみられる天良七堂遺跡の正倉跡、新田郡の駅家跡との見方もされている入谷遺跡、県指定重要文化財の唐三彩が出土した境ケ谷戸遺跡と重要遺跡が連続して存在し、まさにこの地が古代新田郡の中心地であったと考えられている。調査地点の周囲でも近年、県道の拡幅等で総柱の礎石建物や掘立柱建物が調査されており、炭化米も多量にみつかっていることから、正倉群があったものとみられている。県内での郡庁跡の検出は初めてであるが、その国内最大ともいえる広さと全面的な石敷には驚かされる。一地方の郡役所とは思えない規模と格式である。

ところで、「上野国交替実録帳」諸郡官舎項では、すべてが共通の項目について書かれているわけではなく、各郡から報告されたものをそのまま書き写したことにより、統一された書式になっていない。基本的には、正倉、郡庁、一館、二館、三館、四館、厨の順に、すでになくなった施設が記されている。このなかで、とくに表現がまちまちなのは郡庁である。欠失の碓氷・甘楽両郡を除いた一二郡で、郡庁のことを郡庁（那波郡・群馬郡・利根郡・新田郡）、郡庁館（多胡郡）、郡庁屋（吾妻郡）、郡庁雑屋（佐位郡）、庁屋（緑野郡・勢多郡・山田郡・邑楽郡）、官舎（片岡郡）というような表記がされている。このうち、那波郡、吾妻郡、新田郡には公文屋が認められ、郡庁の機能の一端を表していると考えられる。また、東屋（吾妻郡）、西屋（佐位郡）、東西南北の長屋（新田郡）、東西の横屋（邑楽郡）が見受けられる。このほかには、宿屋（片岡郡・多胡郡）、向屋（多胡郡・那波郡・多胡郡・佐位郡）、副屋（多胡

図59　特別史跡多胡碑の指定地

郡・那波郡・勢多郡・佐位郡・山田郡）、厨（新田郡）、厩（片岡郡・多胡郡）が記されている。

それでは多胡郡の郡庁も新田郡のようであったのだろうか。前述したように、「上野国交替実録帳」によれば、多胡郡衙には郡庁館が認められるが、新田郡衙のような長大な建物を表す長屋あるいは横屋というような記載はない。また、多胡郡の場合その内容が館とほぼ同じであることと、郡庁館と表記されていて一館の記載がないことから郡庁が一館もかねていた可能性がある。あるいは、資料の書写の過程で郡庁の内容の欠失があり、郡庁と一館が結合して郡庁館という表記になったことも想定される。

新田郡衙の郡庁のような大がかりな施設はもともと存在しなかったのかもしれないが、周囲を塀で囲うような郡庁はあったと考えられ、その近辺に多胡碑が建立されたのではないだろうか。これについては、佐藤信が述べているように、建郡者側としては中央政府によって郡司に任じられた事実や国司との密接な結びつきを在地社会のなかで公示することによって、自らの郡内における支配権の拡充を図ることが建碑へとつながっていったのであろう。そのため、建碑の場所が郡衙入口や郡司の居宅等であったことが考えられ、さらには、前沢和之が想定するような、地元の人びとに対して声に出して口示する場面もあったのかもしれない。

上野三碑は、いずれも国宝や重要文化財ではなくて特別史跡であるが、碑そのものの価値とその内容を十分に理解したうえで、その背景となる歴史を刻んできた碑の建立された土地があわせて指定されたものである。多胡碑の場合、碑の周囲二六七四平方《メートル》という旧神社境内地が指定されており、当時の指定に携わった担当者たちの卓越した資質がうかがわれるものである。

多胡建郡の背景として、尾崎は渡来系氏族が新旧諸勢力の圧迫を受け、その要請によるものとした。これに対して、関口功一は渡来系氏族の存在を明確に裏づける史料はないとし、佐野三家や緑野屯倉の存在から、ミヤケにかかわる氏族と考えられる物部君氏等の有力氏族を地方行政機構に取り込むための建郡であったと考えた。

たしかに、この地域に渡来系氏族の存在を直接的に示す史料はないが、「多胡」「甘楽」といった地名や、でえせえじ遺跡・馬庭東遺跡等から出土する新羅系の複弁七弁蓮華文軒丸瓦などから、渡来系氏族の存在は確実視される。また、矢田郷の一部とみられる矢田遺跡の発掘調査で多量の紡錘車が出土したことと、多胡郡名の記された正倉院宝物の調庸布から布生産が盛んに行われた地域であったことがうかがえる。さらに、九世紀の上野

図60　馬庭東遺跡出土の複弁七弁蓮華文軒丸瓦

国分寺修造にあたって短期間に大量の瓦を生産した大規模な窯業生産地域であった。このような当時としては最先端の産業システムは、かつてミヤケにかかわった渡来系氏族が主導したものと考えることができるのではないだろうか。つまり、多胡郡域は上野国における先端技術産業の中心地の一つであり、ちょうど太田市の藪塚西野原遺跡で明らかになったように、新田郡が鉄生産のコンビナート地帯であったことと同様に特筆すべき地域であったのである。

そして、先に述べたように上野国司として多胡建郡にかかわった平群朝臣安麻呂がその後も隣国の美濃国席田郡の建郡を尾張国司として推し進めたことを考え合わせると、多胡建郡というのは、高島英之がいうように、中央政府によって全国的規模で行われた律令地方行政機構の確立整備の一連の動向と、地域としての卓越性および特殊性とがあいまって行われたと位置づけることができるであろう。

山ノ上碑や金井沢碑でみるように、強大な勢力であった佐野三家は、郡（当初は評）の設置により群馬郡・片岡郡・緑野郡に分解されてしまった。ところが、でえせえじ遺跡などで出土している同笵の軒丸瓦の分布にみられるように、佐野三家がその後も郡を越えた影響力をもちつづけたため、新たに楔として多胡郡が建郡されたのであろう。

このとき、甘楽郡から割かれた大家郷はその郷名から甘楽郡の郡衙所在地であった可能性があり、それを多胡郡に含めたということは、大きな勢力をもっていた甘楽郡司に、新たに佐野三家の旧領を取り込んだ重要地点である多胡郡の郡司として、より強力な指導力を期待したのではないだろうか。そして、多胡郡の設置は佐野三家の解体ということだけではなく、もう一つ重要な問題を含んでいた。それは、甘楽郡は広大な地域で、多胡建郡後でも郷の数が上野国内では最も多く、じつはこの大きな郡を分割するという意味も併せもっていたのではないだろうか。

3　山部郷と山部

（一）山部郷の変遷と法隆寺

多胡郡山部郷の改編については、一般にはあまり知られていない。多胡碑には、片岡郡・緑野郡・甘良（甘楽）郡のうち三百戸を多胡郡としたことが刻まれているが、これと符合するように『続日本紀』和銅四（七一一）年三月六日の条に前記三郡から六つの郷が割かれたことがみえる。このうち、片岡郡から分割された郷については「山等」と書かれている。また、高山寺本の『和名類聚抄』には多胡郡の郷に「山字」と書き也末奈（やまな）と読ませていることから、これまで「山等」は「やまら」で「山字」のことであり、さらに、正倉院宝物のなかの天平末年頃の庸布に「上野国多胡郡山那郷」と読める銘があることから、片岡郡から割かれた郷は「やまな」郷であると考えられてきた。

ところが、天平十九（七四七）年の『法隆寺伽藍縁起并流記資財帳』によって、法隆寺の食封が「上野国多胡郡山部郷」にあったことがわかった。そして、前述の正倉院宝物の庸布についても、「山那」と読んだ「那」の字は「上野国多胡郡山部郷戸主秦人「┆」高麿庸布一段」のように「部」であり、郷名は「山部」と読むべきであることが明らかになった。これら奈良時代の二つの史料から多胡郡山部郷の存在が認識されるようになったのである。

そこで、『続日本紀』の記事の「山等」について、山部郷と山字郷の関係をどう整理して考えることができるのだろうか。

『続日本紀』延暦四（七八五）年に、先帝の光仁天皇の諱《いみな》である「白髪部」と今上の桓武天皇の諱「山部」を避け、それぞれ「真髪部」と「山」

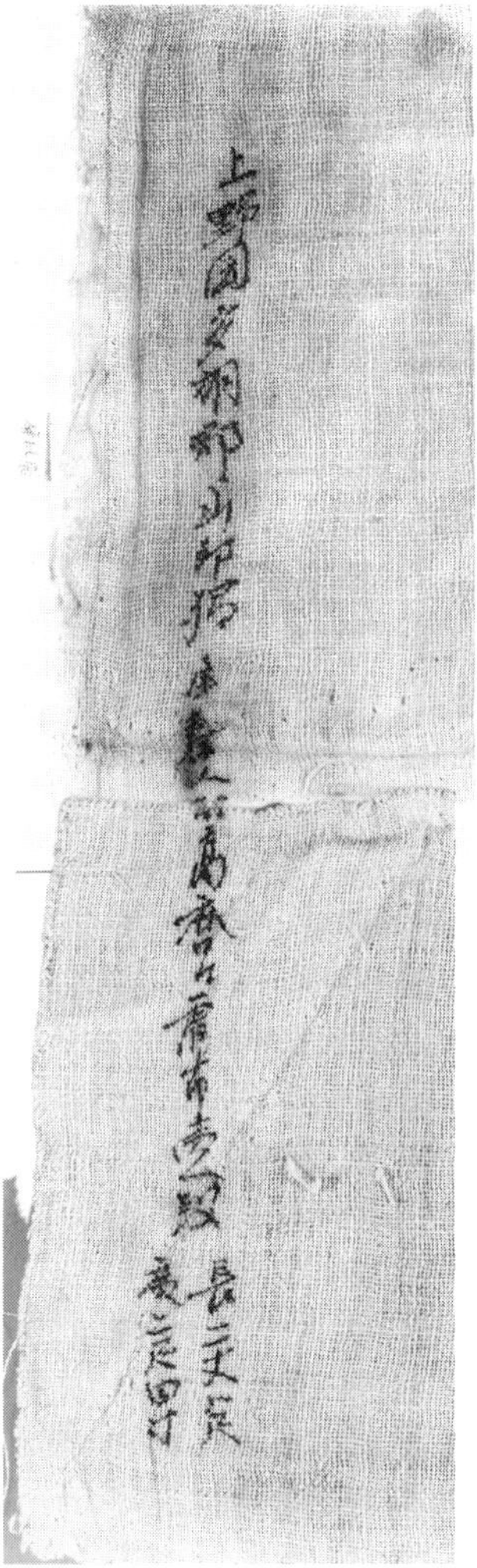

図61　正倉院宝物の「上野国多胡郡山部郷戸主秦人┆高麿庸布一段」銘墨書

図62　上野国分寺跡出土「山字物部□成」銘瓦

とするよう詔が出された。渋川市北橘町真壁は『和名類聚抄』にみえる勢多郡真壁郷と考えられているが、以前は白髪部（白壁）であったものが真髪部（真壁）と改められたことがうかがえる地名である。

この山部郷であるが、全国的にみても『和名類聚抄』には確認することができず、山部郷が山郷になった例も認めることはできない。しかし、岸俊男、狩野久、東野治之らは法隆寺伝来の七〜八世紀の幡銘の研究で、山部氏関係の施入品が多く、法隆寺に近い平群郡夜麻郷がもともとは山部郷であり、それは山部連氏の居住に由来していて、彼らが法隆寺を支えた豪族の一つであることを明らかにした。このことから、多胡郡山部郷も山部氏の居住が想定でき、法隆寺の食封設定の背景に法隆寺と山部氏とのなんらかの関係が推測されるのである。山部にかかわる同様の例は、『和名類聚抄』に陸奥国耶摩郡、越後国古志郡夜麻郷などがあり、「耶摩」「夜麻」は山を二文字で表現したものとみられ、「山部」が「山（耶摩・夜麻など）」と改められたことを示しているのである。

また、前述のように上野国分寺跡出土の文字瓦に「山字物部□成」と書かれたものがあり、これは「山字郷の物部□成」のことと考えられている。これらは九世紀初め頃の修造期に葺かれたものと考えられていることから、それ以前に山字郷となっていたことがわかる。

これらのことを踏まえて考えると、「山等」の「等」は複数のものを例示したときに使う「など」という意味とみられ、東野や関口功一が指摘するように、山部郷であったものが避諱の結果「山郷」に改められたものといえよう。実際、この『続日本紀』和銅四（七一一）年の多胡郡建郡記事にみえる「山郷」は延暦四（七八五）年の詔を踏まえた認識で後年に改められたものであり、字面だけのことであった可能性もあるが、山部（→山）→山字という変遷があったものと推定される。

ところで、このことについては、戦前に本県出身の歌人土屋文明によって明快な解釈が加えられていた。土屋の『萬葉集上野國歌私注』の概説部分には、「山部郷は和銅四年の紀に見える山郷であり、和名鈔の山字郷に当るものに相違ない。続紀においては当代の御諱であるから、事は和銅四年に属するけれども追書して、山部を避け山とのみしるした」とある。土屋は一九四四（昭和十九）年の段階ですでに山部郷と山郷について避諱の結果と的確にとらえていたのである。

山部郷の範囲は観音山丘陵の南端で、烏川と鏑川の合流する場所にあり、当時の主要な交通路であった鏑の谷の入口部分に位置している。山字郷となった山部郷は中世には山名荘として登場してくる。そして、近世には緑野郡山名村、一八八九（明治二十二）年には緑野郡八幡村、一八九五（明治二十八）年には多胡郡と緑野郡が合併し多野郡となり、一九五六（昭和三十一）年に現在のような高崎市山名町、木部町、阿久津町、根小屋町となった。このような片岡郡から多胡郡、そして緑野郡、多野郡、高崎市への変遷は、この地域

図63　揖保郡林田郷の故地

が河川の合流点にある要衝で、その影響を受けつづけてきたからにほかならないのである。

『法隆寺伽藍縁起并流記資財帳』によると、天平十（七三八）年に多胡郡山部郷の他に、播磨国揖保郡林田郷、但馬国朝来郡枚田郷、相模国足下郡倭戸郷の三郷が、法隆寺に食封として施入されたことがわかる。

このうち、播磨国揖保郡林田郷は現在の姫路市北西部の林田川中流の右岸にその名が遺っていて、幹線道路であった山陽道の沿線である。『古事記』『日本書紀』によれば、清寧天皇のとき、山部連小楯によって播磨国に潜んでいた市辺押磐皇子の子の億計王と弘計王がみつけだされ、その後、兄弟で皇位に就いたという。山部連の一族は大和国平群郡夜麻郷が本貫で、聖徳太子や法隆寺と深いかかわりがあり、『法隆寺伽藍縁起并流記資財帳』にみえるように、播磨国を法隆寺の経済基盤とすることに重要な役割をはたしたのである。

また、但馬国朝来郡枚田郷は現在の兵庫県朝来郡和田山町の中央部にあたり、円山川左岸の平地から大倉部山の北麓にかけて集落が広がっている。このあたりは交通の要衝であり、室町時代には、山名氏によって南方約三キロのところに竹田城が築かれ、枚田郷は中世には国衙領としてみえている。この地域に山部を認めることはできないが、北方の出石郡には宗我部の分布が確認されるのである。

そして、相模国足下郡倭戸郷は現在の小田原市内に比定されるが、このあたりも交通路として重要な位置を占めている。相模国は大化前代の名代・子代が多く置かれており、それとのかかわりからか皇室領が多い。また、『相模国封戸租交易帳』によれば光明皇后にかかわる封戸が多く認められる。鎌倉時代の曽我兄弟の仇討ちで知られるように曽我の地名が認められ、かつては宗我部が分布していたものと推定できる地域である。

法隆寺の食封となったこれら三つの地域は、早くから交通の要衝として開けた場所であり、山部郷との共通点を認めることができるのである。また、山部や宗我部のような上宮王家や蘇我氏と深く結びついた氏族も分布していたのである。

（二）山部と上宮王家

多胡郡山部郷は法隆寺の食封となった他の三郷と同様に交通上の要地にあり、郷域に山部が分布していて、その勢力も大きかったとみられる。山部とは、朝廷の山林を管理する部で、中央の山部連が地方の伴造である山君や山直などを統括したものである。上宮王家は山部連氏を自己の管理下に置き、全国の山部集団を利用して瓦を焼く燃料材や建築材などを調達したという見方がされている。

また、法隆寺と山部連氏との密接な関係を示すものに、前述した東京国立博物館に所蔵されている法隆寺宝物中の幡の残欠がある。これには、法隆寺に近接する飽波郷にいた山部連氏が献納したことを示す墨書銘が多数認められ、上宮王家とのつながりがあらためて明らかになった。

このほかに、前節でみたように上野国分寺跡出土の「織山長□」と記された文字瓦は、多胡郡織裳郷の山部長□を表現しているとみられることから、山部郷内にとどまらず、多胡郡内に山部が分布していたことが知られるのである。

多胡郡山部郷に居住した山部以外の氏族は、正倉院宝物の庸布から上宮王家とかかわりの深い新羅系の渡来氏族である秦人、あるいはそれに組織された秦人部がいたことがわかる。また、山名町のでえせえじ遺跡出土の七世紀後半の複弁七弁蓮華文軒丸瓦は新羅系の文様であり、その分布は佐野三家の勢力範囲と重なってくる。さらに、周辺の郡には緑野郡小野郷に額田部君、甘楽郡と群馬郡に壬生公、甘楽郡と多胡郡辛科郷に宋宜部の存在が知られ、推古天皇や上宮王家、蘇我氏といった中央の影響が直接的にみてとれる。これらのことから、山部郷に法隆寺の食封が設定された背景には、山部氏と法隆寺との密接なかかわりが反映しているものとみられる。

多胡郡が建郡される以前に山部郷が属していた片岡郡は、烏川の右岸に沿って丘陵になった狭長な地形をしており、その地形からつけられた名と考えられている。

ところで、奈良県北葛城郡王寺町から香芝市一帯にかけては片岡山とよばれる丘陵がつづいている。この「片岡」は、聖徳太子の片岡山飢人説話

図64　奈良県片岡山の景観

や山背大兄王の妹に片岡女王がいるなど、上宮王家との関連が認められる地名である。そして、『法隆寺観音菩薩造像記』に片岡王寺、『法隆寺伽藍縁起并流記資財帳』に片岡僧寺の名が記されている。

この片岡王寺は、王寺町立王寺小学校のあたりにあったと考えられているが、かつてこの地には基壇跡や礎石が残っていて、七堂伽藍を備えた寺院であったことがうかがえた。ここから素弁八弁蓮華文や単弁蓮華文などの軒丸瓦が出土しているが、本県出土の軒丸瓦に類似する文様はない。ところが、王寺小学校の脇には現在、黄檗宗の寺院である放光寺が存在する。かつての片岡郡山部郷に建つ山ノ上碑にみえる放光寺と同名寺院が、大和の片岡にもあったのである。この寺の建立のいきさつを記した『放光寺古今縁起』によると、敏達天皇の第三皇女の片岡姫が葛木下郡片岡中山に営んだ片岡宮を寺に改め、片岡寺としたことにはじまり、用明・推古・聖徳太子・舒明・孝徳・聖武天皇らの崇敬を得て、皇寺（王寺）と称されるようになったということである。

　ここから南へ二キロ近く離れた奈良県香芝市尼寺に所在する尼寺廃寺は、飛鳥から白鳳期に創建された寺院跡で、聖徳太子ゆかりの片岡尼寺ではないかとみられてきた。発掘調査の結果、南側と北側の二つの部分（南廃寺と北廃寺）からなっていることがわかり、南廃寺から斑鳩寺と同笵の文様をもつ軒平瓦が出土し、上宮王家とのかかわりが注目された。

　ところで、平城京跡の発掘調査で、長屋王邸跡で出土した木簡から、長屋王家の経済的基盤を形成した「御田」「御薗」の管理に当たった「木上司」や「片岡司」の存在が明らかになった。片岡司が置かれたのは葛下郡の片岡であると考えられ、木上司とは至近距離であった。そして、片岡尼寺跡とみられる尼寺廃寺の出土瓦のなかに長屋王邸から出土したものと同型式の軒丸瓦があったこともそれを裏づけている。また、片岡司と木上司が相互に交渉のあったことは、片岡司から長屋王邸まで収穫物を運送した者に、木部足人や木部百嶋といった名が認められることから推測されている。これについては、高崎市山名町に隣接して木部の地名が残ることから、かつての山部郷に山部とともに木部も存在していたと考えられるのである。

　さて、木部についてはほとんど資料がなく、山部とともに山林・木材にかかわった人びとと考えられている。山部郷を中心に居住した山部は木材の調達や大量の薪を燃料とする造瓦活動にも従事していたと推測され、これに木部がかかわっていたことも考えられる。これまでに述べたように、でえせえじ遺跡の複弁七弁蓮華文軒丸瓦の存在、寺尾や乗附でみつかっている軒丸瓦等は、この地域の窯業生産や仏教文化の一端をみせてくれているのである。

4　片岡郡多胡郷

（一）片岡郡多胡郷の位置

山部郷が割かれた片岡郡には多胡郷があり、多胡郡と同じ名の郷が隣接する郡にあることから注目される。ところが、この点に関しては、多胡郷の地を多胡郡とは反対側に位置する片岡郡の西北端の群馬郡榛名町（現高崎市）里見地区に比定するのが通説となっている。

図65　多胡神社の多胡碑

吉田東伍は『大日本地名辞書』で、多胡郷は「今碓氷郡に入り、里見村にやと想はる」と述べており、多胡郷を里見に比定する最大の根拠は「多胡という地名がある」からだとしている。また、尾崎喜左雄は「若田の名は高崎市若田町（旧碓氷郡八幡村）に、多胡の名は群馬郡榛名町（旧碓氷郡里見村大字多子）に残っており、その地帯を若田郷、多胡郷とするならば、いずれも片岡郡の中央から西北にかけての郷名となる」と述べている。

これらを受けて、『角川地名辞書』では多胡郷は「現在榛名町上里見の字名に多胡があるので、この付近と比定されている」とし、平凡社の『群馬県の地名』では多胡郷を「郡下の各郷を配置してみた場合、当郷は郡の北西隅、烏川右岸の現群馬郡榛名町里見一帯にあてざるをえない」としている。しかしながら、県内の地名を拾うことができる『上野国郡村誌』、『小字名調書』そして耕地図から里見地区の小字名を抽出してみたが、里見のいずれの地区においても「多胡」の地名を認めることはできなかった。現在、高崎市上里見町（旧榛名町上里見）の間野地区に多胡姓の人びとは居住しているが、多胡という地名は存在しないのである。

上里見町東間野にあるご先祖さんとよばれる丘上の多胡神社には、東間野、谷ケ沢の多胡姓を名乗る人びとらによって多胡羊太夫が祀られている。多胡家に伝わる「多胡羊太夫由来記」には、いわゆる羊太夫伝説につづけて、羊太夫主従三人が三羽の鳶に化けて間野まで飛んできたこと、事前に嫡子と孫をこの地に潜行させていたことが記されている。つまり、間野地区の多胡氏は羊太夫の末裔であるという。そして、多胡神社には多胡碑と類似した内容が記された石碑があり、それには次のように記されている。

人王四十三代帝元明天皇御宇賜之
弁官苻上野国片岡郡緑野郡
甘良郡并三郡三百庄郡成給

図66　多胡神社の祭礼

羊成多胡和銅七年三月九日
多胡宮霊羊宗勝神儀位
甲寅宣左中弁正五位下
多治比真人
大政官二品穂積親王左中弁
正二位石上尊右大臣正二位藤原□心
光耀欽言

この石碑は中央に「多胡宮霊羊宗勝神儀位」と記し、左右には多胡碑を模した内容が刻まれている。しかし、和銅四年であるはずのところが和銅七年とあったり、「左太臣」とあるべきところが左中弁になっているなど、いくつか相違点が認められる。また、末尾は「光耀欽言」と結ばれているが、上里見町の神山宿には光耀山明珠院常福寺があり、この寺に有縁の僧が石碑の建立にかかわったのではないだろうか。

この地区の丘陵を隔てた安中市秋間にも多胡姓

があり、多胡碑の拓影の掛け軸を懸けて祀ってい る。このようにして多胡碑を祀るのは県西部の何カ所かで認められるようであり、独り里見の地を多胡郷とするにはあたらない。さらに、烏川流域における古墳の分布をみると、右岸では高崎市立里見小学校の背後にある三基が確認できる最上流のものであり、多胡神社と多胡姓の集落のある間野地区はさらに数キロ上流であって、古墳はもちろん古代の集落跡も現時点では確認できていない。これらのことから、多胡郷の地を里見であるとする積極的な根拠は認められないのである。

（二）多胡郷と多胡郡の関係

そうであるならば、かつて、井上通泰が「上野国片岡郡多胡郷と多胡郡は、肥前国神崎郡三根郷と三根郡との関係と同じである」と述べていることが注目される。すなわち、『肥前国風土記』によれば、三根郡について、「昔、この郡と神埼郡と合せて一郡となす。しかるに、海部直鳥請いて三根郡を分ち、すなわち神埼郡の三根の村の名によりて郡の名となせり」と記されており、神埼郡を分割して三根郡を置き、神埼郡三根郷の名により三根郡と名付けたというのである。そこで、井上は三根郡のように多胡郡も、旧郡の首邑の名を取ったのであるという。

これについて、尾崎は多胡郷は現在の地名から片岡郡の西北端に当り、東南端の山奈郷の地とは両端に相離れていて、多胡郡が片岡郡から分離したものでもなく、ましてや多胡郷は片岡郡の首邑と考えられる位置ではない。として『和名類聚抄』の他郷の郷名を以て郡名の起源に関係づけるのは危険であるとした。

しかし、多胡郷の位置を里見と限定できないとなると、三根郷と三根郡のような関係もあながち

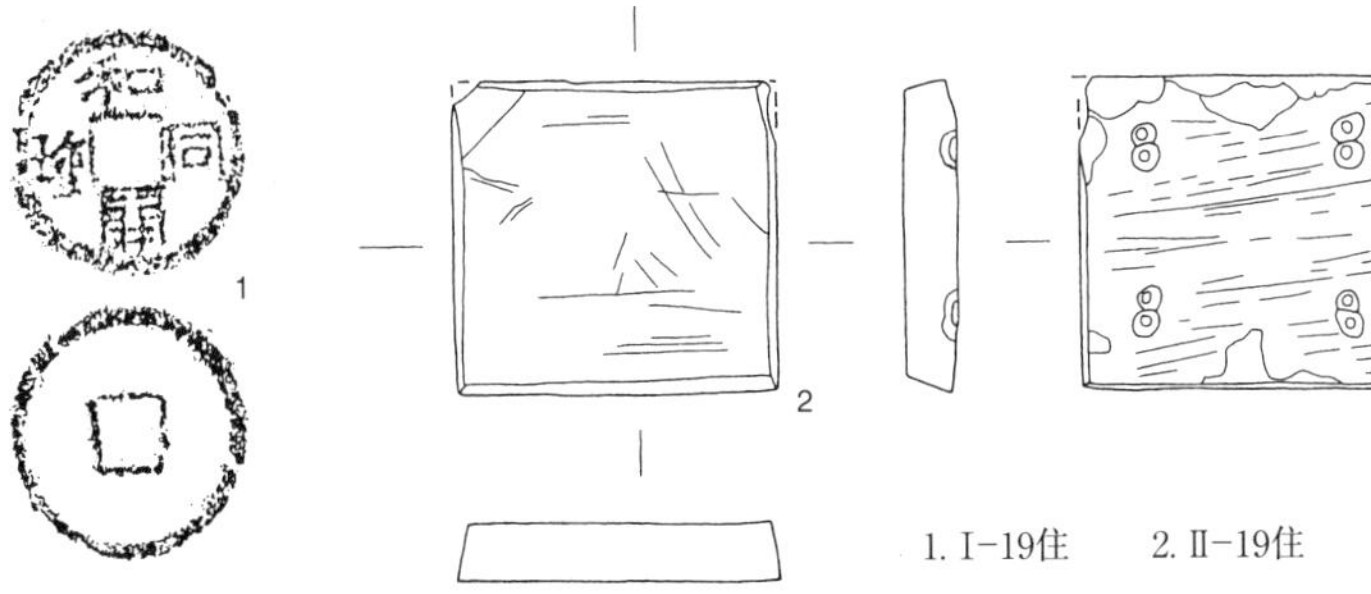

図67　豊岡後原遺跡出土の和同開珎と巡方（1/1）

否定はできず、多胡建郡の際に同様なことがあったと推測することもできる。これに関して、『日本三代実録』貞観二（八六〇）年三月二日条に、「阿波国美馬郡を割いて、三好郡を置く」という阿波国三好郡の建置記事があり、美馬郡から三好郡が分割されたことがわかる。『和名類聚抄』によれば、美馬郡に三次郷が認められることから、文字は異なるが三好郡の名は三次郷に由来している可能性がある。

　このように考えてくると、遺跡のあり方や『上野国交替実録帳』にみられる「豊岡郡」の記載などから、豊岡付近が片岡郡の中心ではないかと想定される。そして、『和名類聚抄』における片岡郡の郷名の配列は、若田郷の次に多胡郷が記されていることから、郷名の記載が北西部から南東へ向かって記されているとすれば、豊岡付近を多胡郷とすることに矛盾はない。そうであるなら、新たな郡を建てるときに、多胡郷の名をとって多胡郡とした可能性は十分に考えられるであろう。

　ところで、里見地区は現在合併により高崎市となり、上里見町・中里見町・下里見町に分かれている。上大島町を含めた旧碓氷郡里見村は、一九五五（昭和三十）年には群馬郡室田町と合併し群馬郡榛名町となり、翌年、群馬郡久留馬村もこれに加わった。つまり、烏川左岸の群馬郡と同右岸の碓氷郡を割いて榛名町ができたのである。里見地区が近世・近代においては碓氷郡であったことからも、古代に片岡郡であったとするよりも、丘陵の反対側の秋間と同じ碓氷郡であったと考える方が当を得ているのではないだろうか。

いずれにしても、吉井町矢田遺跡で出土した「八田郷」と書かれた紡錘車のように、郷名を記した文字資料が多数出土するなどの有力な資料がなく、現在残る地名だけで積極的に郷の比定を行うことには限界がある。ただ、山部のような山での仕事に従事する者が、山名から寺尾、石原、乗附と観音山丘陵をたどり、碓氷川を渡った後、剣崎、若田の丘陵から里見や秋間、そして間野にたどり着くことも十分可能と考えられる。羊太夫はともかくとしても、伝説が生まれるような人の動きがあったものと思われる。

Ⅳ　金井沢碑――知識結縁の碑

1　金井沢碑と三家の系譜

(一)　金井沢碑の建立

金井沢碑は高崎市山名町にあり、山ノ上碑の北西一・五キロの丘陵の中腹に所在する特別史跡である。かつて「上野国山名村碑」「高田里結知識碑」などともよばれたもので、輝石安山岩の自然石に楷書体で九行にわたって一一二文字が丸彫りされている。碑身は高さ約一一〇センチ、幅約七〇センチ、厚さ約六五センチである。台石も同質の石材で、上部に穴を穿って碑身をはめ込んでいる。

碑文は以下のようである。

上野国群馬郡下賛郷高田里
三家子孫為七世父母現在父母、
現在侍家刀自他田君目頬刀自又児加
那刀自孫物部君午足次馸刀自次乙馸
刀自合六口また知識所結人三家毛人
次知万呂鍛師礒マ君身麻呂合三口
如是知識結而天地誓願仕奉
石文
　　神亀三年丙寅二月廿九日

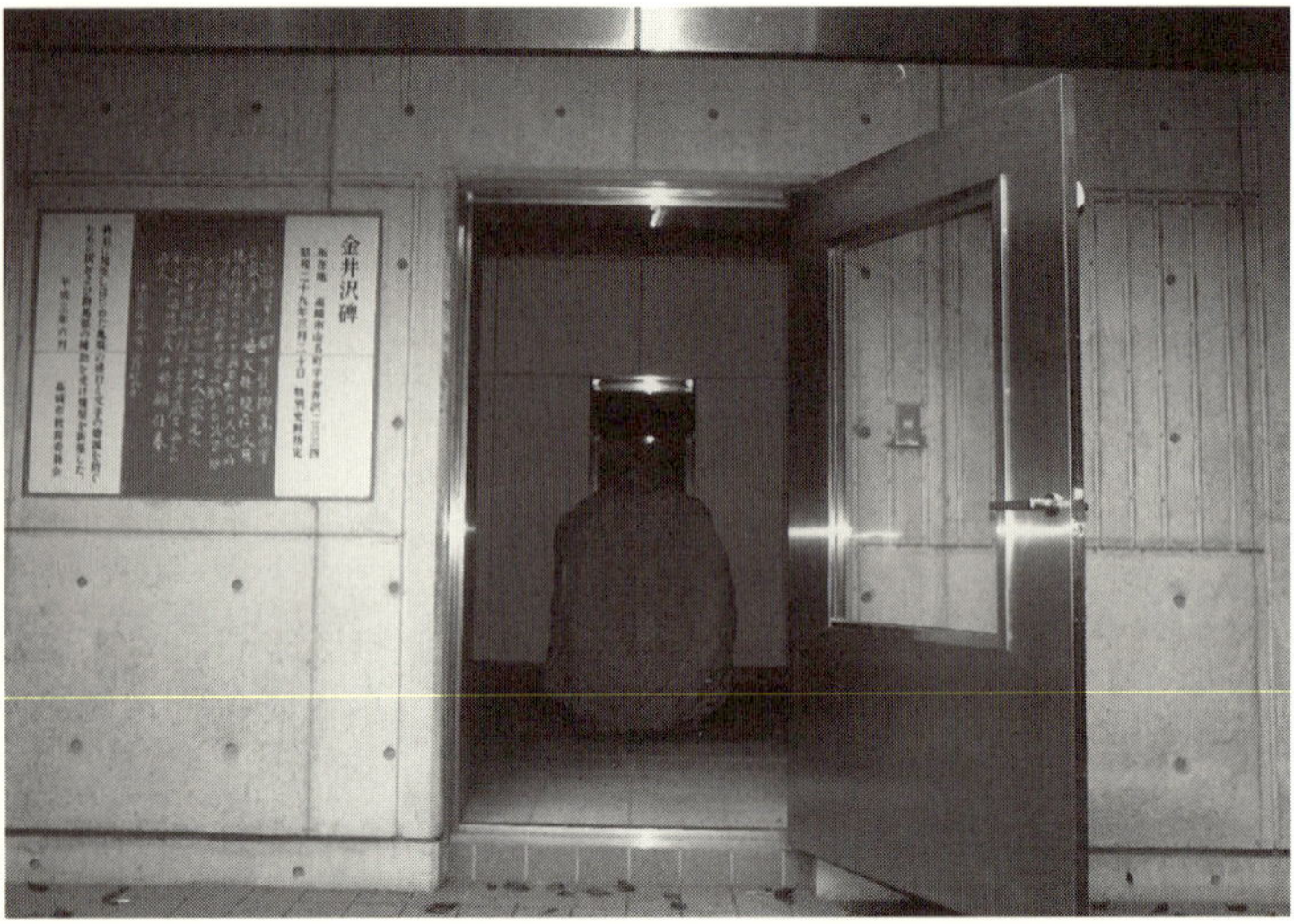

図68　覆屋の中の金井沢碑

これを『群馬県史』によって読むと、次のようである。

上野国群馬郡下賛郷高田里の三家の子孫、七世父母・現在父母のために、現に在し侍る家刀自・他田君目頬刀自、又児なる加那刀自、孫の物部君午足、次に馸刀自、次に乙馸刀自、あわせて六口、また知識結う所の人三家毛人、次に知万呂・鍛師の礒部君身麻呂、あわせて三口、是の如く知識結いて、天地に誓願して仕え奉る石文。

神亀三年丙寅二月廿九日

その内容から、当時の氏族の結合のあり方や信仰を知ることができるものである。

尾崎喜左雄は、金井沢碑の碑石が山ノ上碑と同じ自然石であることから、多胡碑より後のものであるのに、石の加工の発展過程からすると解しがたいとした。つまり、山ノ上碑、那須国造碑、多

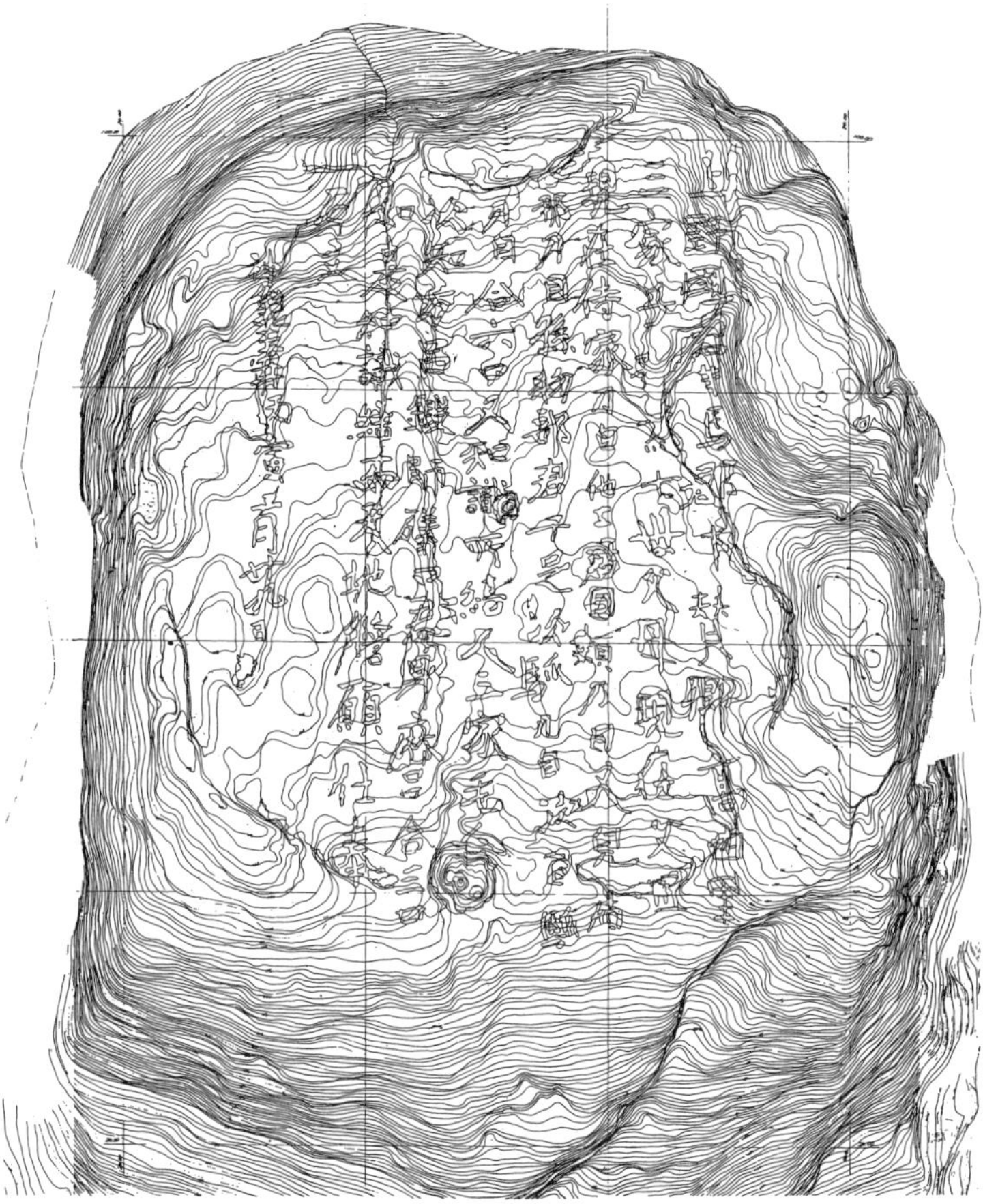

図69　金井沢碑の写真実測図

胡碑と発展した石材加工法が逆行したようにみえるが、建立者が三家のものであるので山ノ上碑の前例に従ったものであろうかと推定した。

群馬郡下賛郷高田里のように、郡のあとに郷・里とつづく表現は「郷里制」とよばれ、八世紀前半の霊亀から天平年間にかけての二十数年間続いた。ちょうど金井沢碑の建立された神亀三（七二六）年は郷里制が施行されていた時期であり、その一つの事例ともなってい る。しかしながら、郷里制下の地名には後代に受け継がれなかったものがあり、下賛郷や高田里についても後の『和名類聚抄』には認められず、所在地を明らかにすることはできない。尾崎は讃岐の讃をサヌと読むことから、下賛をシモサヌと読み、山ノ上碑に認められる佐野三家の佐野と同じ地域である可能性を指摘されている。このことから、金井沢碑の三家も佐野三家と同一と考えられるのである。

神亀三年当時、金井沢碑のある地域も多胡郡山部郷の一部であったとみられる。ところが碑文には「群馬郡下賛郷高田里」と記されていることから、碑の建立の場所は下賛郷を本拠とする佐野三家にかかわるものであることを示している。この点について、尾崎は「烏川右岸の山部郷を割いた際に、佐野三家の一族の進出地は三家の根拠地とともに一時、群馬郡に属したのではないか」と推測している。しかし、必ずしも碑の建立された場所を下賛郷高田里と考えず、そこを本拠とする三家とのみ読み取ることもできるのではないだろうか。

また、七～八世紀の造像銘や写経奥書にしばしば認められる「七世父母のため」や「知識」という文言が使われていることから、仏教思想がその背景にあることがわかる。それに対して、「現在父母のため」というのは数は少ないが、東京国立博物館蔵の法隆寺献納宝物中の甲寅年銘光背に「奉為現在父母、敬造釈迦像一躯」とある例などがあげられる。

(二) 三家子□は三家子孫か

これまでの金井沢碑文の釈読に対して、疑問を投げかけたのが勝浦令子である。勝浦は第二行の

「三家子□」の四文字目を「孫」とする通説に対して、拓本や写真版などの検討から「孫」と確実に読むことはできないとした。勝浦は江戸期において「三家子□」の□の文字が判読できた可能性があったか否かを確認するために、寛政年間から文化二年ごろまでに出されたおもな釈読を丹念にあたって検討を加え、その結果、拓本からは判読することが不可能であったとみている。

図70　金井沢碑の「三家子□」部分

勝浦はまた、金井沢碑は写経題跋や造像記などの請願文と構文や用語の上では類似する点が多く、それらでは年紀の次に願主の中心的な人物名または知識が記されることが一般的であることから、「三家子□」が願主にあたると考えた。そして、歴名にあげられた人物のうち、「現在侍家刀自他田君目頬刀自」を「現在侍家刀自」と「他田君目頬刀自」の二人に分けるのではなく、「現在侍家刀自の他田君目頬刀自」と読むことにより、一人の人物とみることができるので、「三家子□」を加えてはじめて六口という数になると考えた。

この勝浦の見解は、これまで「三家子孫」とのみとらえてきた研究者に新鮮な驚きを与えるとともに、たちまち支持を広げ、金井沢碑研究もここに新たな段階に入ることとなったのである。

しかしながら、勝浦の考えは、当時の研究者の多くが拓本でしか碑文をみていないなかにあっ

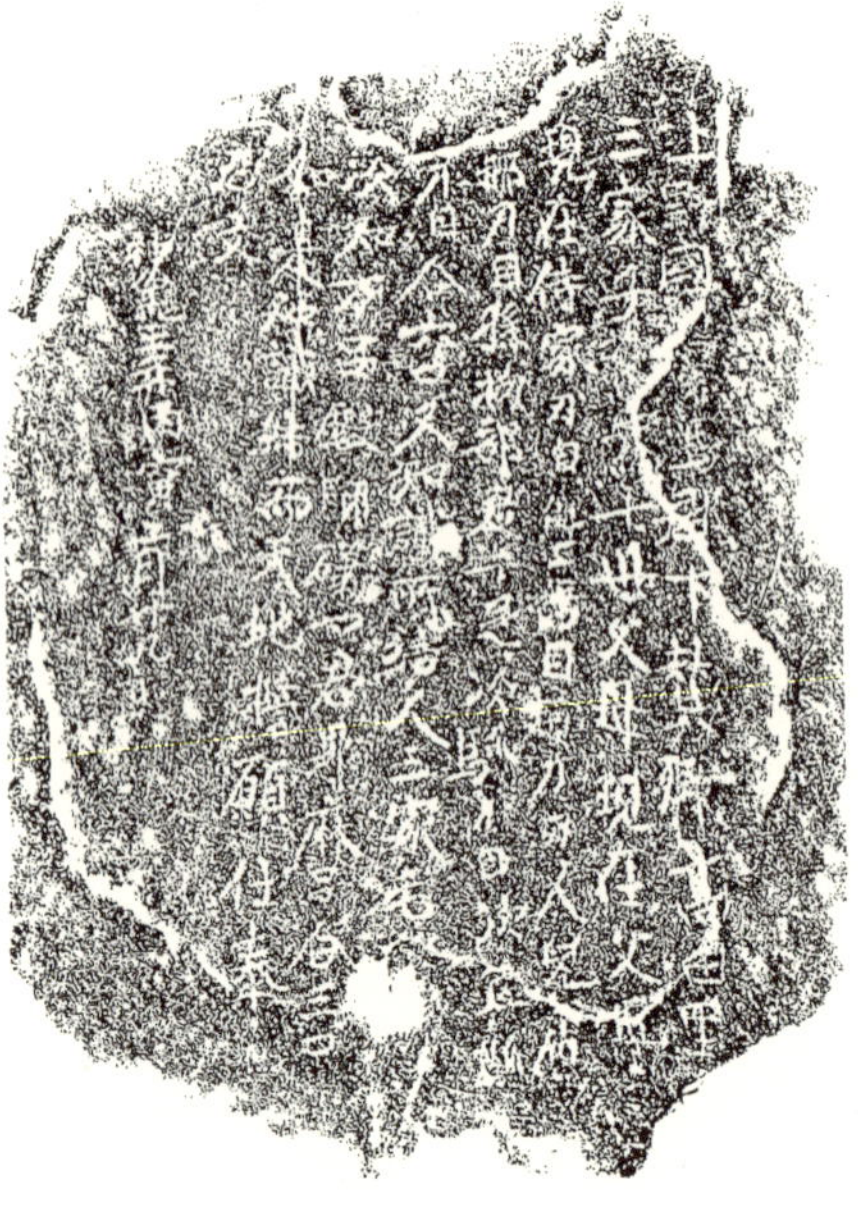

図71　金井沢碑の拓本

て、現地に在住して碑に接する機会の多かった木部白満のような人びとが「三家子孫」と読んでいることへの評価が低いように思われる。勝浦は□部分を孫と釈読した説に対しては、碑文の字から確実に読み取ったというよりも、偏部分の字形と「為七世父母現在父母」に対して「子」の付く熟語を考えて「孫」と類推したにすぎないと考えた。そして、それが内務省による上野三碑の調査を行った黒板勝美、その弟子の尾崎に継承されたというのである。この考えは、拓本のみで釈読した人びとについては当を得た部分があるだろうが、実地調査を行った者には拓本には表れない微妙な線が読み取れたことも考えられる。多胡碑の拓本が中国に渡って独り歩きし、過大評価されたように、拓本だけでは限界があることがわかり、碑そのものを実見することの意義は大きい。

　勝浦の論考が発表されてから、東野治之から群馬県を訪れた際に金井沢碑の「三家子□」の文字を再確認したいとの申し出があり同行したことがあった。問題の文字に角度を変えて何回も懐中電灯の明かりを当て、陰影をつけて刻字を確認したが、やはり「三家子孫」と読むのが妥当であろうと思われた。この読みについては勝浦も、十歩譲って「子孫」であったとしても、これは総称ではなくて個人名であると主張している。

それでは、勝浦の研究に拠って、願主グループが「合六口」ということについて考えてみよう。これまでの研究では、供養対象である「為七世父母現在父母」の後に書かれた人びとが六口であるという理解がされてきた。つまり、「現在侍家刀自」「他田君目頬刀自」「加那刀自」「物部君午足」「馸刀自」「若馸刀自」（勝浦は乙ではなく若とする）の六口である。このうち、後半の四口については「又児」「孫」「次」「次」と系譜関係を示す言葉が付されていることから個人名と考えられている。問題は前半の二口であり、「他田君目頬刀自」には系譜関係を示す言葉が付けられていない。そこで勝浦は、後半部分の四口との書式上の整合性を考えたとき、「現在侍家刀自」を一口分に数えるのではなく、「現在している家室」を示す語として「他田君目頬刀自」の系譜関係もしくは親族内の立場を示すために付けたものであると理解した。ただ、この説では歴名に五口分の人名しかみえず、そこで、願主である「三家子□」を一口として考えたのであった。

これについて勝浦は、奈良時代の写経に、知識を結んだ総数が願主として先に名前を掲げた者と歴名部分に名前が記された者の合計からなっているものがあることとも符合するという。つまり、「三家子□」と歴名の五口をあわせて六口という計算であったのである。そして、金井沢碑は知識総数を示すだけではなく、個人名を一人一人が特定できる形で平等に明記して誓願することに重要な意義をもっていたと考えたのである。

それでは、これまでに示された歴名部分の系譜の復元を行ってみよう。

まず、尾崎は三家子孫のうち三家を称している

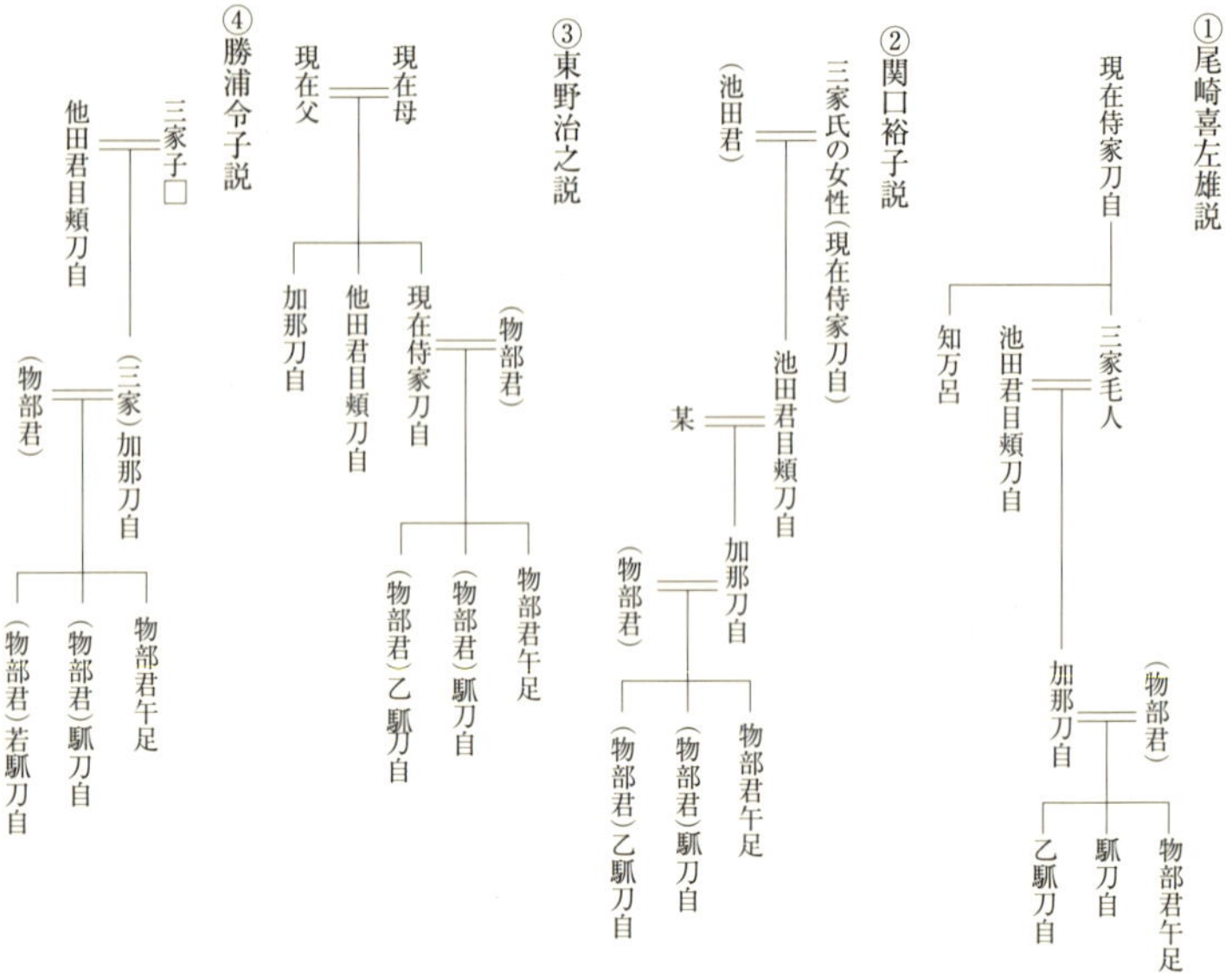

図72　三家系譜の復元

のは三家毛人と知万呂の二人だけであり、毛人が戸主、知万呂はその弟とした。現在侍家刀自は「現に在す三家の家の主婦」とし、嫡妻が夫の家に入っている習慣があったと考えた。また、加那刀自は物部君某と結婚しているものの三家の家にいたものと考えられるが、必ずしも記載されている者が全員三家にいるとは限らず、他家に入った者も混ざっていると考えた。

　関口裕子は現在侍家刀自を三家氏の家刀自とし、他田君（関口は尾崎にならって池田君とする）目頬刀自との血縁関係は三家子孫という以外は不明であり、加那刀自は他田君目頬刀自と加那刀自は母子関係であり、加那刀自の姓は他田君とした。これは、加那刀自が母姓に付されたのではなく、父も他田君姓であり、それに従ったからであると考えた。そして、母たる三家氏の女性、他田君目頬刀自、他田君加那刀自という祖母・母・子の三世代と、さらにその子のもう一世代下まで、計四世代に渉る女系紐帯の存在が証明できるとした。そして、この女系紐帯を基礎としたからこそ父系からは三家子孫として結集しえない三家、他田君、物部君という異姓者どうしが三家子孫として知識を結ぶことができたと考えたのである。

東野は他田君目頰刀自と加那刀自が単に「児」とあるのではなく「又児」と記されていることから単なる母子関係ではないとし、「現在父母」の生存と、物部君午足・馸刀自、乙馸刀自は幼児ではないと考えた。このため、目頰刀自を含め三世代の系譜を考えるのは「現在父母」に対して年齢的に無理とした。そして、現在侍家刀自や他田君目頰刀自は「現在父母」の子である可能性が高いとし、加那刀自の「又児」を「さらにもう一人の子」の意味で挿入されていると理解したのである。

これらに対して、勝浦は「三家子□」を子孫という総称ではなく、男性名としてとらえている点が根本的に異なっている。そして、この人物と「現在侍家刀自」の立場にある他田君目頰刀自との婚姻関係によって生まれたのが「児」の加那刀自と考えている。加那刀自の氏姓が省略されているのは、父系の「三家」を継承しているのが自明であるからと推測している。さらに、「孫」の物部君午足は加那刀自の親の「三家子□」からみた孫で、加那刀自が物部君某との婚姻によって出産した男子と考えた。物部君某はこの祈願には参加していない。「馸刀自」「若馸刀自」は従来の説のように物部君午足の姉妹が「次」という関係で結ばれているとした。

おもな説をみてきたが、勝浦説は「三家」と願主グループの関係が明瞭で、とくに他田君目頰刀自の系譜上の位置が明確になり、各人名に家刀自・子・孫という家族関係を示すことができ、婚姻関係と氏姓の関係が矛盾なく説明できるなど魅力的な説であり、筆者もこれを支持したい。これらを踏まえて碑文全体をみると、勝浦がいうように、「三家子□」と家刀自の他田君目頬刀自、その娘の加那刀自と外孫の物部君午足らの血縁家族による祖先供養の誓願に、「三家子□」と同族である三家毛人、三家知万呂と鍛師である礒部君身麻呂による知識グループが参加したというものである。

金井沢碑はこのように、三家にかかわる氏族の仏法による結縁を表しているが、山ノ上碑とくらべたときに、近接して所在していることや同じ材質の自然石を用いていることなど両者の類似点が認められ、この三家が佐野三家である可能性が十分考えられるのである。

2　上野国西部の氏族

（一）物部の広がり

ところで、金井沢碑には「三家」にかかわる氏族として「三家子□」「三家毛人」「他田君目頬刀自」「物部君午足」「礒部君身麻呂」などが記されている。このうち、物部君については、上野国分寺跡出土の「山字物部子成」などの文字瓦がよく知られている。多胡郡山字（山部）郷に居住していた多くの物部が上野国分寺の造営に大きな役割をはたしていたのである。金井沢碑の所在する地がかつての山部郷であることから、その関連がうかがえる。

高崎市矢中村東遺跡では、天仁元（一一〇八）年噴出の浅間山B軽石層下の平安時代の溝から「物部私印」と刻まれた一辺三・七セ《チ》ン《ン》の銅印が出

図73　矢中村東遺跡出土「物部私印」銘銅印

土している。県内ではこれまでに十数点の銅印が出土しているが、その中でもとりわけ大きく、保存状態も良好である。このことから群馬郡にも物部の分布が推定されるのである。「上野国神名帳」の群馬郡、多胡郡の項には「物部明神」が記されており、両地域での物部の存在が祭祀の面からも裏づけられる。

また、吉井町矢田遺跡の九世紀後半の住居跡から、「物部郷長」と刻まれた石製紡錘車が出土している。『続日本紀』の記載や『和名類聚抄』の多胡郡に物部郷を認めることができないことから、この物部は氏族名を表していると考えられる。矢田（八田）郷は多胡郡建郡の際、甘楽郡から織裳・韓級（辛科）・大家の各郷とともに割かれたものであり、物部郷長は天平神護元（七六五）年十一月に物部公を賜った甘楽郡出身の物部蜷淵らとのかかわりも考えられる。また、上野国

図74　矢田遺跡出土「物部郷長」銘刻書石製紡錘車

分寺跡出土の文字瓦から、物部とかかわりの深い八（矢）田部の存在も注目される

さらに、富岡市下高尾の仁治四（一二四三）年銘をもつ板碑（仁治の碑）に「物部国安」の名がみえることは、この地域に物部が長期にわたって存在していたことを示すものであろう。平城宮跡出土の奈良時代の木簡に、緑野郡小野郷戸主である「物部鳥麻呂」、別の木簡には「物マ君万呂」の名がそれぞれ記されている。これらから、物部の分布は上野国の群馬郡以西、とくに鏑川流域にその中心があったことが認められるのである。

ところで、延喜式内社で上野国一宮である富岡市の貫前神社は甘楽郡に属し、祭神が経津主神であることから、物部氏が祀った神社であるとみられ、この地が物部の一つの拠点であったと考えられる。この地域から内山峠を越えた長野県佐久市で「物部猪丸」と刻まれた一辺三センチの銅印が出土している。上信国境の峠を挟んで物部が分布しており、この峠越えのルートで両国の交流が図られていたとも考えられる。このルートは、九世紀前半に最澄が行った上野国法華一千部写経の際、信濃国大山寺の正智禅師が知識として加わり、助写した二〇〇部の経典を上野国緑野寺に運んだルートとみられている。『延喜式』に記された信濃国長倉駅から碓氷坂を越えて上野国坂本駅に通じる東山道駅路とは別のルートが以前から存在し、人

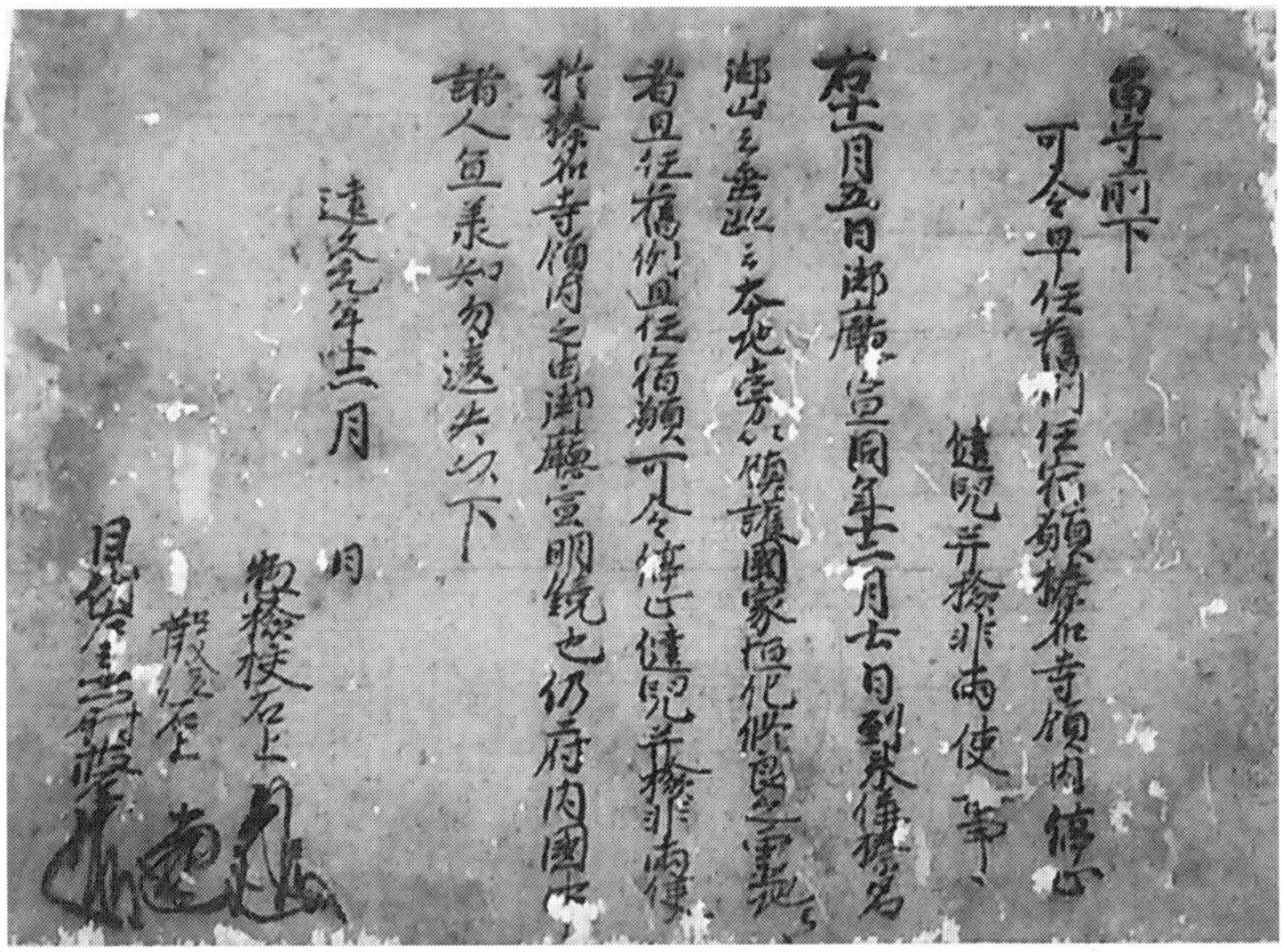

図75　榛名神社文書「上野国留守所下文」

や物の動きがあったのである。この点から考えれば、上野国一宮である貫前神社の地は大和から信濃を経ての上野への入口であることから、この地に鎮座する必然性も十分に考えられる。鏑川流域は交通の要衝でもあり、鏑の谷の東の出入口にあたる山部郷周辺も河川の合流する場所であり、重要地点として認識されていたものと思われる。

さらに、かつての長野郷とみられる浜川周辺に、御布呂、下布留、石神の小字や石上寺跡があり、中世の箕輪城に依った長野氏は石上を先祖と考えていたことから、この地域が物部の拠点であった可能性がある。県指定重要文化財の榛名神社文書の建久元（一一九〇）年十二月の「上野国留守所下文」には、在庁官人三人の署名がみられ、そのうち二人が惣検校石上、散位石上と、石上を名乗る人たちである。このことから、物部にかかわる石上氏は古代末に国衙においてかなり力があったものと思われる。

天平勝宝元（七四九）年に、碓氷郡の石上部君諸弟が上野国分寺に知識物を献じて外従五位下を授かっており、郡領クラスとみられる。この後、石上部君は在京の石上部君と連動して上毛野坂本君と改姓し、神護景雲元（七六七）年には上毛野坂本朝臣を賜っている。このように物部の分布は上野国の群馬郡以西、とくに鏑川流域から烏川にかけてその中心があったことが認められるのである。広範囲で密度の濃い分布から、佐野三家は物部であるとの見方もされている。

ところで礒部君については、『続日本紀』天平神護二（七六六）年に甘楽郡人の礒部牛麿が物部公を賜っている。また、『和名類聚抄』に碓氷郡礒部郷が認められることから、群馬郡（烏川）以西におけるその分布を認めることができる。碑文にみえる礒部君身麻呂は「鍛師」とあり、このような部民制的な編成とは異なる名称の例としては推古朝に仏師・画師などがみられる。これらは寺院造営と関係し、蘇我氏や上宮王家の家政機関に所属した場合の名称であると理解されている。金井沢碑に刻まれた「鍛師」もこれに連なるものと考えられるのではないだろうか。

そして、他田君については、他に正倉院宝物の調布墨書銘に、天平勝宝四（七五二）年十月新田郡淡甘郷戸主矢田部根麻呂が調布を貢進した際に、国司介の阿倍朝臣息道とともに新田郡司擬少領の他田部君足人が認められる。また、『万葉集』防人歌に「ひなくもり碓日の坂を越えしだに妹が恋しく忘らえぬかも（巻二十、四四〇七）」と詠った防人の他田部子磐前がいる。

（二）多くの氏族たち

金井沢碑に認められる氏族のほかに、大伴や宋宜部といった氏族を県西部において見出すことができる。大伴については、高崎市鈴ノ宮遺跡で「大　伴家万呂」銘の文字瓦が出土した。上野国府跡の南西方の前橋市と高崎市境の鳥羽遺跡では「大伴」「伴」と刻書された土器が、また、高崎市菅谷遺跡などでは「伴」と墨書された土器が出土している。「上野国神名帳」の群馬郡には「大伴（大友）明神」が記されており、国府周辺の大伴の動向の一端をうかがうことができる。上野国分寺跡出土の文字瓦のなかには「八伴氏成」のように「（多胡郡）八田郷の（大）伴氏成」を表しているものや、「大伴」とのみ大書されたものがある。これらは篦書きの文字瓦で、九世紀の修造期のものとみられている。

「伴」は、『日本紀略』弘仁十四（八二三）年四月にみられる「大伴」から「伴」への避諱のための改姓記事により、それ以後の時期に製作されたものと考えられる。また、「大伴」の大は大家郷の大であるという見方もでき、郷名は略しているが伴は改正後のものとみることも可能である。しかし、上野国分寺の文字瓦は郷名や氏族名を省略して書く場合が多く、大伴の大を表しているとも考えられるのである。

『続日本紀』神護景雲三（七六九）年四月甲子条には、邑楽郡の小長谷部宇麻呂とともに甘楽郡の竹田部荒當・絲井部袁胡らが大伴部を賜姓されている記事が認められ、文字瓦の「（大）伴」との関連が想定される。また、『万葉集』には防人上丁の大伴部節麻呂が認められる。その本貫は不明であるが、前述の邑楽郡、甘楽郡や群馬郡などに求めることができるのではないだろうか。

中世資料ではあるが、東京都府中市の染谷不動堂に安置されている阿弥陀如来立像の背面に刻まれた銘に「上州八幡庄　壇主友澄入道　縁友伴氏」が認められ、十三世紀中頃の一二六一（弘長元）年に高崎市八幡町周辺に居住した願主の妻が伴氏であったことがわかる。

次に、宋宜部については平城宮跡出土木簡に、甘楽郡新屋郷上戸で衛士の「宋宜部猪万呂」の名がみえ、甘楽郡に居住していたことがわかる。国分寺中間地域出土の上野国分寺修造期の文字瓦に「辛宋宜」があり、多胡郡辛科郷にも宋宜部の分布が知られる。辛科郷は多胡郡建郡の際に甘楽郡から割かれた地域である。また、「造東大寺所返抄案」によれば、九二八（延長六）年に、郡郷名は不明であるが、部領として「宗我清直」の名が認められる。加藤謙吉は、蘇我氏の地方進出の形態として物部を侵食していく場合があることを指摘しており、甘楽郡、多胡郡における物部との重複は示唆的である。そして、『法隆寺伽藍縁起并流記資財帳』によれば、多胡郡山部郷に法隆寺の永年の食封が存在したことが知られ、法隆寺と山部氏との密接なかかわりが上野国においても想定されるのである。『和名類聚抄』には甘楽郡に「宗伎郷」が認められ、「上野国神名帳」には同じく甘楽郡に「宗岐明神」が記されている。これらは「ソキ（ギ）」であり、富岡市には「曽木」の地名が残っており、ソガの転化とみることができるだろう。

上毛野氏は上野国を代表する氏族のようにいわれるが、奈良時代に上野国にいたことを示す確実な資料は二点しかない。一つは『続日本紀』天平勝宝元（七四九）年閏五月癸丑条に、上野国分寺へ知識物を献じたことにより外従五位下を授けられた勢多郡少領「上毛野朝臣足人」であり、もう一つは正倉院の天平十三（七四一）年十月の調布に記されている群馬郡居住の「上毛野朝臣甥」である。国分寺の建立を支えた勢多郡と国府や国分

図76　上野国総社神社

寺が置かれた群馬郡に上毛野氏がいたことになる。

　また、上毛野朝臣甥は、「朝臣」であるにもかかわらず、調布を出していることが注目される。正倉院に残る調庸布銘に朝臣を名乗る者は他に見出せず、特異なケースと考えられる。これは造籍などの際に、上毛野氏配下の民に同姓をつけたともみられるが、その場合カバネまで同じにしたとは考えられず、やはり疑問が残るものである。「上野国神名帳」には「上毛野明神」は存在せず、他の氏族を想定させる神名はしばしば見受けられるにもかかわらず、上毛野氏が祀ったとみられる神は記されていない。わずかに、群馬郡に「毛野明神」というのが認められるのみである。

　壬生は壬部、生部、乳部なども書き、『日本後紀』弘仁四（八一三）年二月に甘楽郡大領の壬生公郡守が戸口増益により外従六位下を授けられ

仁治四年大歳关卯二月廿六日

壬生忠家　□□□□　壬生忠家　□□□□　□□□□　六人部
小野國友　□□□□　藤原孝能　藤原家次　春日守直(カ)　□□
□□□家(カ)　壬生助友　春日為(カ)延
沙弥往生　藤原近光　壬生友□　小野□□　藤(カ)原(カ)友(カ)信(カ)　平□
物部國安　藤原述延(カ)　壬生安友　大宅□行(カ)
安部則宗
小野友員　藤原□□
六人部直宣
小野部(カ)□□
日奉□□

図77　仁治の碑の刻銘

たという記事や、『日本三代実録』貞観十二（八七〇）年八月に群馬郡の壬生公石道が壬生朝臣を賜ったこと、また『東大寺文書』延長六（九二八）年四月に群馬郡綱丁の壬生常見が未進の調庸を東大寺に納めたことがみえる。さらに、時代は下るが、富岡市下高尾に所在する仁治四（一二四三）年の板碑に壬生忠家ら五人の名が刻まれている。これらのことから、壬生は甘楽郡、群馬郡を中心に、上野国西部で長期間にわたっての存続を認めることができる。

正倉院宝物の調布に緑野郡小野郷戸主の額田部君馬稲が認められ、『和名類聚抄』の甘楽郡に額部郷があり、高山寺本には額田部郷とあることから、緑野郡、甘楽郡に推古天皇の名代の額田部が分布していたことがうかがえる。同じ正倉院宝物の庸布に多胡郡山部郷戸主の秦人（部）がみられる。秦人は、新羅系の渡来人であるが、秦人部だとすればそれに組織された人々といえる。

矢田部は新田郡、佐位郡、邑楽郡などの上野国東部や、勢多郡東南部から群馬郡、多胡郡、甘楽郡に認められ、上野国の平野部に広範囲の分布が知られているが、上野国分寺跡出土文字瓦の「八田甲斐万呂」などから多胡郡八田郷における矢（八）田部の居住が想定される。

前述したように、上野国分寺跡出土の文字瓦に「八阿子麿」などがあり、多胡郡八田郷の阿部子麿を表しているものと考えられる。阿部氏は上毛野氏のもと、蝦夷に対する東北経営に活躍した氏族で、仁治の碑に安部則宗の名がみえることから、甘楽郡に阿部の分布が知られる。

このように、多胡郡を中心とする地域は物部や大伴のほかに壬生や額田部、宋宜部、秦人（部）などの分布がみられ、上宮王家や推古天皇、蘇我氏にかかわりの深い地域であることがわかり、山部郷に法隆寺の食封が設定されたのも頷けるのである。

V　片岡郡若田郷周辺のミヤケ

1　片岡郡の郷と遺跡

山ノ上碑と金井沢碑がある山名は、多胡郡の建郡によって片岡郡から割かれた山部郷の地である。古代の片岡郡に関する資料は多胡碑や『続日本紀』にみえる多胡建郡記事である。片岡郡は中世には八幡庄にほぼ全域が含まれていたと想定されていて、近世になると郡の規模は縮小し、乗附・石原・寺尾の三カ村から成っていた。現在では、高崎市の片岡町にある小・中学校・農協などに片岡の名を認めることができる。

これまで、山部郷について山ノ上古墳と山ノ上碑・金井沢碑の存在、多胡建郡と多胡碑、法隆寺の食封の設定、山ノ上碑に記された放光寺と前橋市の山王廃寺など、上野三碑の検討を進めるなかで、佐野三家の実態に迫ってきた。その作業のなかで、多胡郡山部郷となる以前の片岡郡山部郷を含む片岡郡のもつ重要性が認識された。そこで、片岡郡の範囲とそれを構成する郷のうち、法隆寺の食封となった山部郷、多胡郡と同じ名を付した多胡郷については前述したので、次に、史料には

図78　片岡の地名が認められる標識等

みられないミヤケの存在をうかがわせる若田郷についてここでは検討を加え、片岡郡のはたした役割について考えてみよう。なお、片岡郡となる以前の片岡評についても便宜上、片岡郡とよぶこととする。

（一）片岡郡の六つの郷

『和名類聚抄』によれば、片岡郡は上野国だけに認められる郡名である。上野国片岡郡については史料の制約もあり、その実態は明らかでない部分が多い。片岡郡には若田、多胡、高渠、佐没、長野の五郷があり、多胡郡の建郡までは山部郷も含まれていたのであるから、これらが当初からの郷であったのならば六つの郷から成り立っていたことになる。尾崎喜左雄は片岡郡の範囲を「現存の地名等から推せば、多胡郷は旧里見村（榛名町）大字上里見字多胡で、片岡郡の西北の隅であり、若田郷は高崎市若田町で旧里見村につづき、長野、佐没二郷は烏川、碓氷川合流点より下流の地帯と考えられる」としている。

片岡郡の郷のうち、若田郷は高崎市北西部の烏川右岸の丘陵上に若田の地名が遺っており、若田大塚古墳をはじめとして、八幡中原遺跡などの古墳時代から古代へと継続する大集落遺跡がある。県内最後の前方後円墳で「群馬の石舞台」ともいわれる巨石巨室の横穴式石室を有する観音塚古墳も近接して存在する。若田村や八幡村などの八カ村は一八八九（明治二十二）年に統合されて八幡村となり、一九五五（昭和三十）年に高崎市と合併するまでは碓氷郡に属しており、古代には東山道駅路も通っていたと考えられている交通の要衝であった。若田郷は高崎市北西部の若田町・剣崎町・八幡町あたりに比定される。この若田は若田部が居住したことから付けられたものと考えられる。若田部は田部と同じように、ミヤケとのかかわりが想定される氏族であることから、ミヤケの存在が推定される地域である。

多胡郷については、それを郡名とした多胡郡が近接してあり、その関連が注目される。吉田東伍や尾崎のように多胡郷を榛名町上里見（現高崎市上里見町）に比定する考えもあるが、これはⅢ章で述べたとおり根拠があるものではない。

高渠郷については地名として遺っておらず不明であるが、勢多郡に深渠郷があり、同じ使い方をする文字とみられる。渠とは溝であり、いくつもの沢が複雑に入り込んだ観音山丘陵を指している

図79　若田大塚古墳

表3　『和名類聚抄』にみえる片岡郡の郷名

高山寺本	東急本	名博本	備考
若田(和加太)	若田(和加多)	若田(ワカタ)	高崎市若田町
多胡(多古)	多胡	多胡(タコ)	多胡郡(多胡碑)
高渠(太加无曽)	高渠(太加无曽)	高渠(タカンソ)	
佐没	佐没	佐渡	名博本のみ佐渡
長野	長野(奈加乃)	長野	群馬郡にも長野郷あり
山字(也末奈)	山宗(也末奈)	山字(ヤマナ)	和銅四年に多胡郡へ

図80　車持神社

可能性があるのではないだろうか。

佐没郷についてはサヌと読んで、高崎市の佐野の地域に接していたのではないかとの見方がされている。山ノ上碑に記された佐野三家の佐野で、金井沢碑の「群馬郡下賛郷高田里」の賛（サヌ）から佐野と佐没が同じ地域を指した呼称とみられている。そこで、『和名類聚抄』の高山寺本・大東急記念文庫本・名古屋市博物館本を表3のように比較してみると、名博本では「佐渡」となっている。これは「没」が筆写されるうちに「渡」になったと思われるが、佐野の渡河点という意味をもたせた地名ともみられ、三本のなかで、唯一一致をみない郷名であり、引きつづき検討を要するものである。

長野郷は隣接する群馬郡にも同名の郷があり、もともと一つの地域であったものが二つの郡に分かれてしまったものかとも考えられ、高崎市北部に広がる長野地区に接する烏川左岸をあてることができるだろう。高崎市高浜町や本郷町といった旧榛名町久留馬地区には、「上野国神名帳」群馬西郡に記載のある駒形神社や車持神社、榛名木戸神社等の分布がみられることから、群馬郡であったことがわかる。片岡郡の長野郷はそれより南側一帯の連続する地域を指すものと考えられ、東山道駅路を境にしていたことも推測される。

山部郷は和銅四（七一一）年の多胡建郡の際に片岡郡から割かれたので、『和名類聚抄』には多胡郡の郷として山字あるいは山宗と記されている。山部が居住していたことから付けられた郷名と考えられ、法隆寺の食封となっていた。高崎市山名町を中心とした地域で、烏川と鏑川との合流点に位置する交通の要衝である。山ノ上碑と金井沢碑が存在し、佐野三家の勢力の中核をなす場所と考えられる。

このように、片岡郡は烏川右岸の丘陵になった狭長な地形を中心に成り立っており、まさにその地形からつけられた名と考えられている。確実なところでは、北は若田郷から南は山部郷までで、上野国西部における交通の要衝を連結する場所に片岡郡はある。この間に、『和名類聚抄』の記載順に多胡郷、高渠郷、佐没郷が配置され、長野郷が烏川左岸に位置していたものと想定される。

（二）片岡郡の遺跡

片岡郡内の古墳については、北西部に観音塚古墳などの若田や八幡の古墳群があり、南東部に山ノ上古墳や山名古墳群がある。そして、碓氷川右岸の鼻高町には小林山台古墳群が、烏川と合流する手前の乗附町には御部入古墳群、そのなかに截石切組積石室をもつ鶯塚古墳があり、石原町には銅鋺が出土した六世紀末の石原稲荷山古墳などが

図81　石原稲荷山古墳出土の銅鋺

存在する。このように、古墳時代後期から終末期に充実した内容の古墳が築造されている。

また、石原町には式内社の小祝神社が鎮座しており、祭神は少彦名命である。小祝神は『日本三代実録』元慶四（八八〇）年五月二十五日条に上野国内諸神とともに昇叙の記事があり、正五位下から正五位上勲十二等となっている。「上野国神名帳」の群馬西郡に「息災寺小祝明神」があり、『群馬県神社輯覧』には群馬町冷水（現高崎市）に小祝神社が載っていることなどから、小祝神社を祀った氏族は国庁の官人であった可能性も指摘されている。

さらに、片岡郡内の瓦出土遺跡には、前述したように山名町のでえせえじ遺跡があるほか、寺尾町の寺尾館台・左近屋敷遺跡、乗附町の乗附遺跡など観音山丘陵上にあり、窯跡もしくは寺院跡と考えられている。田端町には田端遺跡があり、でえせえじ遺跡と同笵の複弁七弁蓮華文軒丸瓦が出土している。また同町の寺尾館台・左近屋敷遺跡や乗附遺跡では九世紀頃の単弁六弁蓮華文軒丸瓦が出土し、乗附遺跡からは単弁四弁蓮華文軒丸瓦も認められた。

上野国司交替の際の不与解由状である「上野国交替実録帳」の不動底敷稲項には、碓氷郡の次に豊岡郡とある。これは、順序からいっても片岡郡の誤りではないかと考えられるが、豊岡のあたりが郡の中心となっていたのかもしれない。豊岡の引間遺跡の古墳からは和同開珎や巡方などの帯金具が出土している。七世紀代からの集落がみつかっている豊岡後原遺跡は和同開珎のほかに、多量の施釉陶器や「東」の墨書土器が数点出土しており、これは前橋市の上西原遺跡などの例から東院を表していることも考えられる。また、片岡郡を示している可能性がある「片」の墨書土器も出土し、片岡郡衙を想定することもできる。同様に、奈良・平安時代の大型の掘立柱建物の検出から官衙的な遺跡との見方もある八幡中原遺跡が注目され、観音塚古墳に近い八幡遺跡1号墳からは銙帯がセットで出土している。

ところで、「上野国交替実録帳」の諸郡官舎項には、各郡衙の施設の記載があり、片岡郡についても他の郡と同様に、平安時代の中期以降には郡衙の衰退の様子を垣間みることができる。正倉と館についての記載は他の郡とほぼ同様であるが、郡庁を指す官舎には「庁屋壱宇　館屋壱宇　宿屋壱宇　厩壱宇」とあり、庁屋などがすでになくなっていたことがわかる。

2　観音塚古墳とミヤケ

（一）観音塚古墳の勢力圏

若田郷の付近には、石製模造品を多数出土した五世紀代の剣崎天神山古墳や剣崎長瀞西古墳といった直径三〇《メートル》前後の円墳がある。また、剣崎長瀞西遺跡で調査された積石塚と金製垂飾付耳飾や韓式系土器の出土から、五世紀代における渡来人の存在が推測され、馬の飼育等の技術導入が図られていたようである。そして、近接して平塚古墳、二子塚古墳、観音塚古墳の三つの前方後円墳が五世紀末から六世紀に継続して築造されている。

県下で最大の横穴式石室をもつ観音塚古墳は、石室の規模を巨大化させた観音山古墳の流れを承

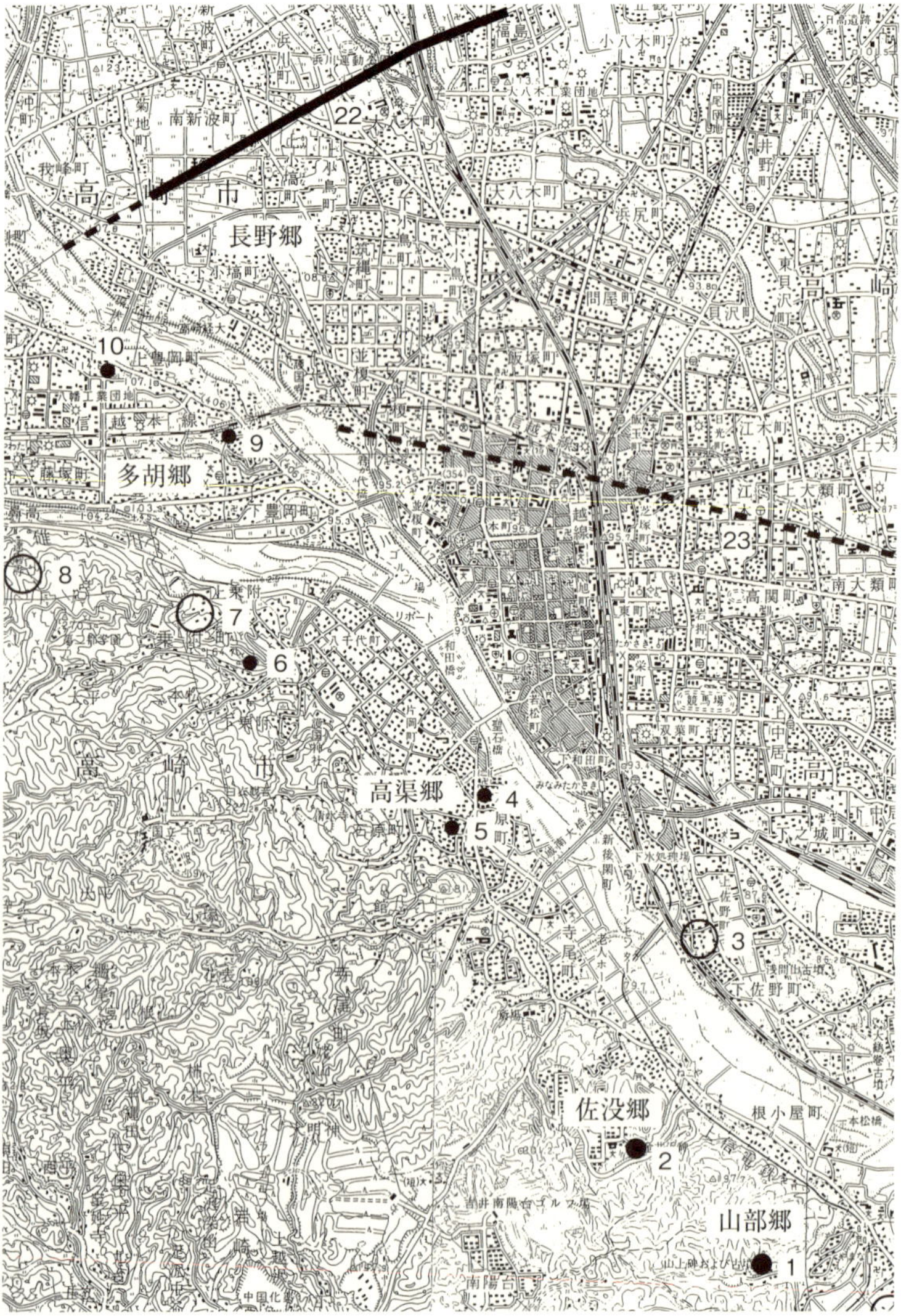

碓氷郡の遺跡（1/75,000）

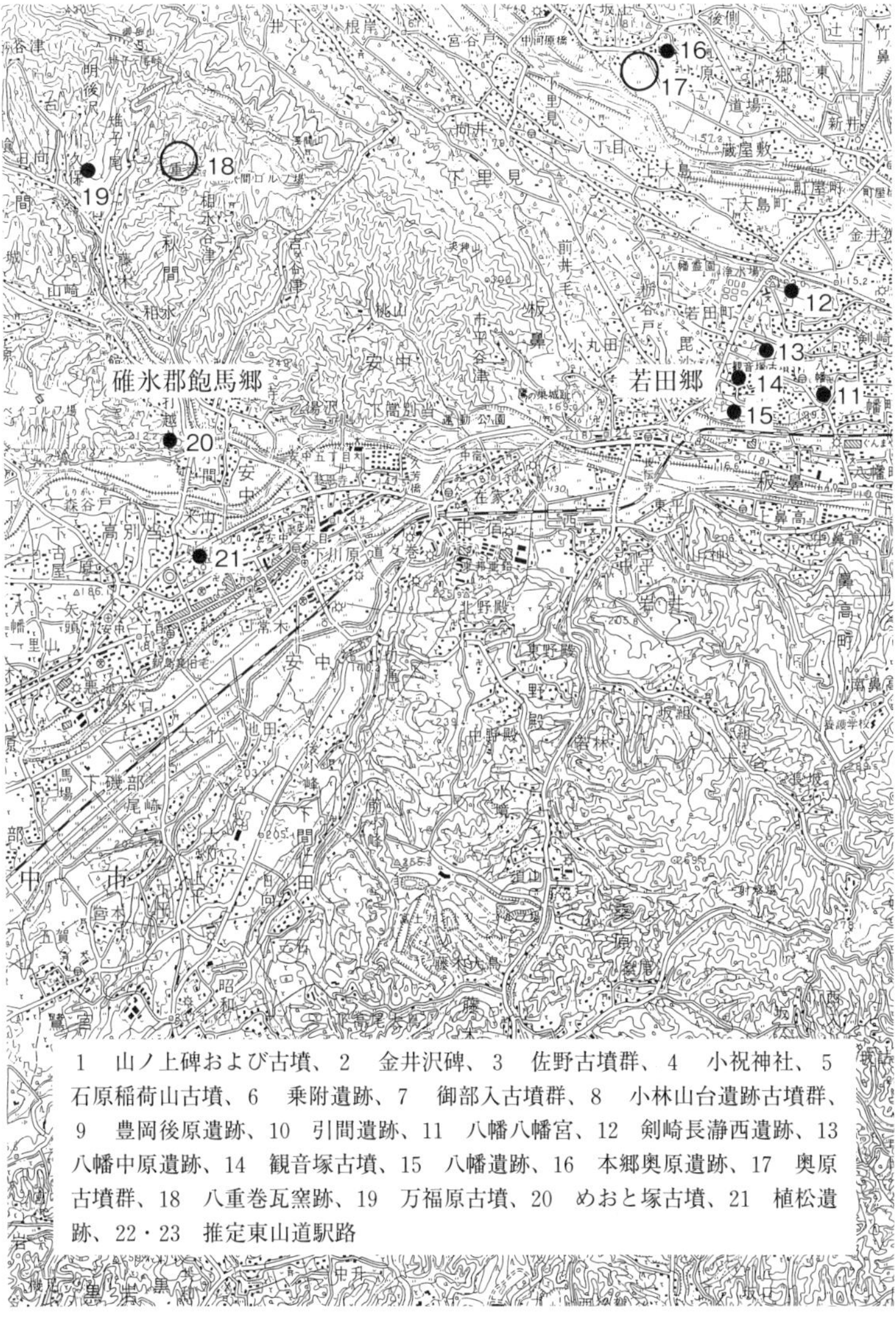

1　山ノ上碑および古墳、2　金井沢碑、3　佐野古墳群、4　小祝神社、5　石原稲荷山古墳、6　乗附遺跡、7　御部入古墳群、8　小林山台遺跡古墳群、9　豊岡後原遺跡、10　引間遺跡、11　八幡八幡宮、12　剣崎長瀞西遺跡、13　八幡中原遺跡、14　観音塚古墳、15　八幡遺跡、16　本郷奥原遺跡、17　奥原古墳群、18　八重巻瓦窯跡、19　万福原古墳、20　めおと塚古墳、21　植松遺跡、22・23　推定東山道駅路

図82　片岡郡・

図83　剣崎長瀞西遺跡出土の金製垂飾付耳飾

けてつくられたが、観音山古墳と異なるのは壁石に巨石を使用している点である。右島和夫によれば、観音塚古墳のような巨石を平積にする手法は、大和の巨石巨室横穴式石室の構造に直接連なるものであり、袖石部分に縦位の平積の巨石を設置すること、玄室壁体の一段目を同規模の巨石三石で、玄室天井石を巨石二石で構成することなどの、石室造りを根本から変えるような技術が畿内からもたらされたと考えられる。そして、羨道から玄室にかけての天井面に明瞭な段を有する畿内的な構造は、本地域では観音塚古墳以前にはまったくみられなかったものである。

このように、観音塚古墳の石室は畿内の大型横穴式石室の構造上の特色を大きく取り入れており、当地域の横穴式石室の変遷過程において、系譜上大きな画期であると考えられた。また、出土遺物のなかには銅鋺や金銅製心葉形透彫杏葉などの仏教的な要素が入ったものもあり、法隆寺などに納められた品々との詳細な比較検討も今後の課題である。

この時期の碓氷川・烏川流域に観音塚古墳以外の前方後円墳が存在しないことから、この二つの川の流域が観音塚古墳の支配下にあったことが想定される。また、畿内的な横穴式石室が採用されたことから観音塚古墳の影響下にあったとみられるほぼ同時期の古墳は、安中市の野殿天王塚古墳、高崎市の小林山台2号古墳、しどめ塚古墳および本郷奥原53号古墳などがあり、碓氷川右岸か

図84　観音塚古墳石室

ら烏川左岸までの広範囲に及んでいるのである。

(二) 秋間の終末期古墳と本郷奥原遺跡

この地域は、観音塚古墳の後を承ける七世紀の有力古墳はみあたらず、右島は、七世紀前半の上毛野における中央集権的な地域の再編成の動きのなかで、前橋市総社古墳群の勢力下に組織されていったと推定している。

七世紀後半になって、若田に隣接した安中市秋間地区に截石切組積石室をもった古墳がつくられていく。截石切組積石室は山ノ上古墳を嚆矢として、七世紀中頃以降に県内でつくられた終末期の古墳に認められる石室である。安中市小間のめおと塚古墳は九十九川と秋間川とが合流する地点に近い段丘上にあり、截石切組積石室をもつ円墳で、その石室は複室構成をしており、前橋市総社古墳群の宝塔山古墳をそのまま小型化したようで

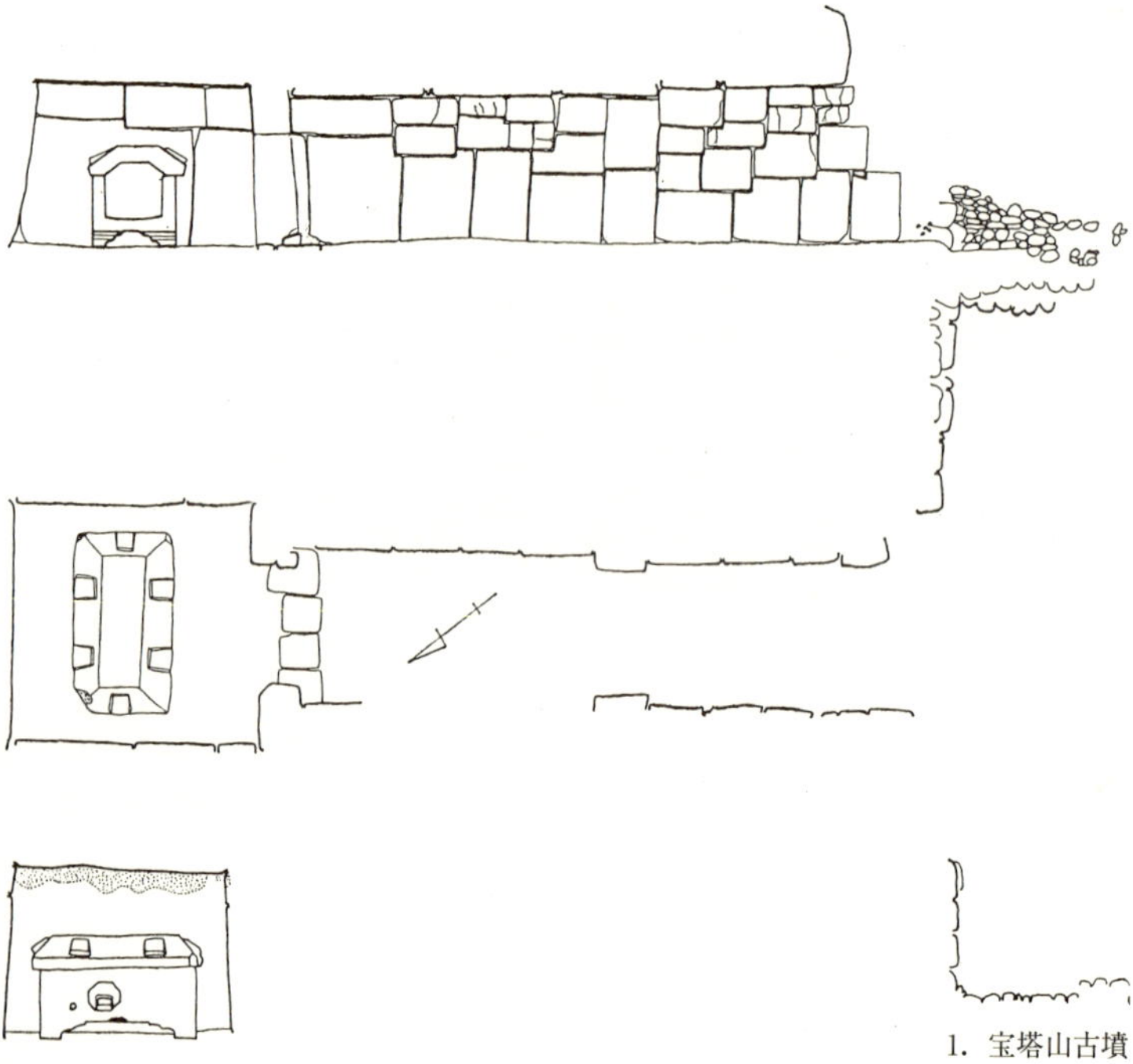

1. 宝塔山古墳

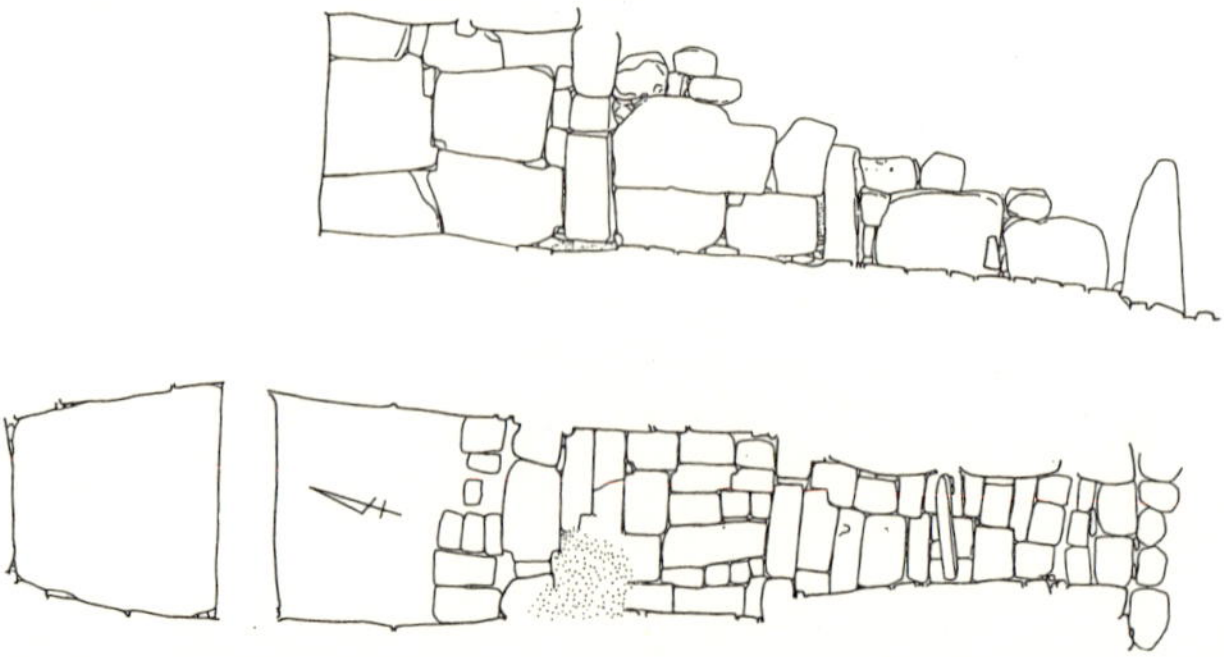

2. めおと塚古墳

図85 宝塔山古墳とめおと塚古墳の石室実測図（1/150）

図86　八重巻瓦窯跡の現況

ある。山王廃寺の創建期の瓦が二〇キロも離れた秋間で生産されていたことを考えるとき、山王廃寺の造営が始まった頃に築造された宝塔山古墳とめおと塚古墳との類似は、山王の勢力と秋間との密接なかかわりを如実に示していると右島は指摘する。まさに、めおと塚古墳は秋間地区一帯の要の地に築造されたのである。

そして、秋間川に北側から流れ込む小河川がつくった谷筋に沿うように、須恵器と瓦を生産した秋間古窯跡群が形成された。この分布に重なるように万福原古墳などの截石切組積石室をもつ終末期の古墳が点在しており、窯跡群操業の単位集団に呼応した群集墳が存在しているとみられている。とくに八重巻瓦窯跡では山王廃寺の複弁七弁蓮華文軒丸瓦や三重弧文軒平瓦などが大量に製作された。二軒茶屋古墳も截石切組積石室であるが、苅稲瓦窯跡に近接する崇徳山古墳や帯金具を出土した北川古墳などのように截石切組積石室ではない有力な古墳も存在していた。

『和名類聚抄』によれば碓氷郡に飽馬郷が認められ、正倉院宝物の庸布墨書銘にも「上野国碓氷郡飽馬郷戸主□□□︙龍麻呂庸布壱端長二丈八尺廣二尺四寸」とあり、氏族名は不明であるが奈良時代に飽馬郷戸主の某龍麻呂が知られる。また、『続日本紀』天平勝宝元（七四九）年五月十五日条には、上野国碓氷郡人外従七位上の石上部君諸弟が当国（上野）国分寺に知識物を献じて外従五位下の位を授けられたことがみえている。この知識物について具体的には記されていないが、上野国分寺跡から秋間古窯跡群で生産された瓦が多量に出土していることから、瓦であった可能性も高いであろう。秋間で窯業生産が盛んになったのは、良質な粘土と豊かな山林資源によるものである。

石上部君については、この後、『続日本紀』天平勝宝五（七五三）年に在京の石上部君男嶋らと連動して上毛野坂本君と改姓し、神護景雲元（七六七）年には碓氷郡の上毛野坂本公黒益が男嶋らとともに上毛野坂本朝臣を賜っている。このような複姓の上毛野氏には、男嶋・黒益と同一記事で上毛野佐位朝臣となった檜前君老刀自がいる。老刀自は称徳天皇の采女で、翌年には本国国造に任じられている。采女は郡領の家柄の娘・姉妹から選ばれたのであるから、正倉院宝物の庸布にみえる佐位郡大領の檜前部君賀味麻呂の近親者と考えられ、上毛野佐位朝臣の佐位は佐位郷とみるよりも佐位郡ととらえられるものである。

これに対して、上毛野坂本朝臣の坂本については、碓氷郡内の郷と駅家に坂本の名があることからその関連でとらえるのが通説となっており、古墳時代後期から終末期に碓氷川流域をその勢力下

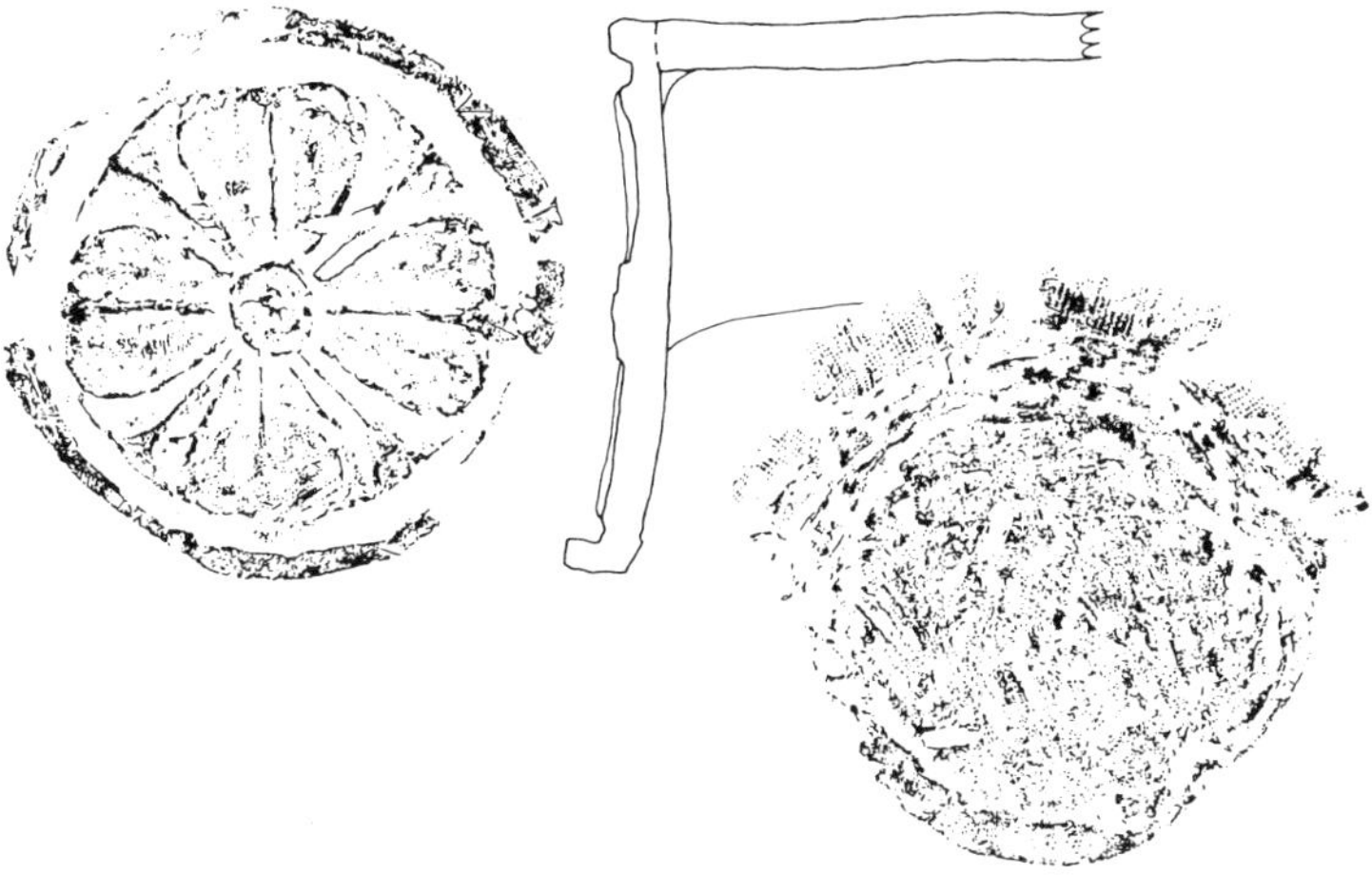

図87　本郷奥原遺跡出土軒丸瓦（1/4）

においた観音塚古墳の被葬者の系譜を引く者が後に石上部君として史料に登場してくるとの見方もされている。この碓氷郡を代表する氏族が、碓氷郡の最奥部の坂本の地名をとって名乗るというのもやや不自然の感がある。この坂本については、今後の検討を要するものであるが、石上部君が中心となって渡来人を駆使して秋間での窯業生産を領導し、それを背景に力をつけていった可能性も十分考えられるであろう。

ところで、秋間の南の安中市街地は野尻の地名が遺ることから野後郷および野後駅が比定されているが、市役所にほど近い植松遺跡では大型の掘立柱建物群の発掘調査が行われ、「評」と刻まれた七世紀代の須恵器蓋が出土し、東山道駅路の野後駅家との見方とともに、碓氷郡衙に先行する碓氷評衙の可能性もでてきた。碓氷評については、藤原京跡から「碓日評大丁少丁」「鹿　支多比」

と表裏に書かれた木簡が出土しており、上毛野地域での評制の施行が碓日評でも確認されたのである。

さらに、高崎市本郷町奥原出土の素弁四弁蓮華文軒丸瓦は、県内では最も古い時期に位置づけられているもので、榛名木戸神社の東方、緩やかに傾斜する台地縁辺部から出土したものである。その東側には谷が入っていて、寺院跡とともに瓦窯跡の可能性も含んでいる。この西方には、六〜七世紀の本郷奥原古墳群が広がっている。

この素弁四弁蓮華文軒丸瓦は弁端が広がっていくクローバーのような形をしており、均整のとれた蓮弁の中央には稜線が認められる。この素弁四弁蓮華文軒丸瓦は、山王廃寺創建期の隆起線で表現された素弁八弁蓮華文軒丸瓦にその薄さや胎土、焼成、色調など類似していることから、それと同時期、もしくは若干さかのぼる可能性をもつと考える。これといっしょに出土した瓦のなかに無文の軒平瓦も含まれていることから、本資料を七世紀後半でも早い時期に位置づけることができるであろう。県内の七世紀代の瓦に本資料の類例はこれまでみつかっていない。高崎市本郷町付近は、観音塚古墳の勢力下におかれていた地域であるが、前述したように「上野国神名帳」記載の榛名木戸神社等の存在から知られるように、群馬郡に分かれたものである。

(三) ミヤケの分割

上野国のミヤケに関しては、佐野三家のほかに『日本書紀』安閑天皇二（五三五）年にみられる全国的なミヤケの設置記事のなかに、藤岡市周辺に置かれた緑野屯倉がみえている。安閑期にはミヤケ関係記事が集中して配されており、すべて事実とはみなしがたいが、当時の趨勢を象徴的にこ

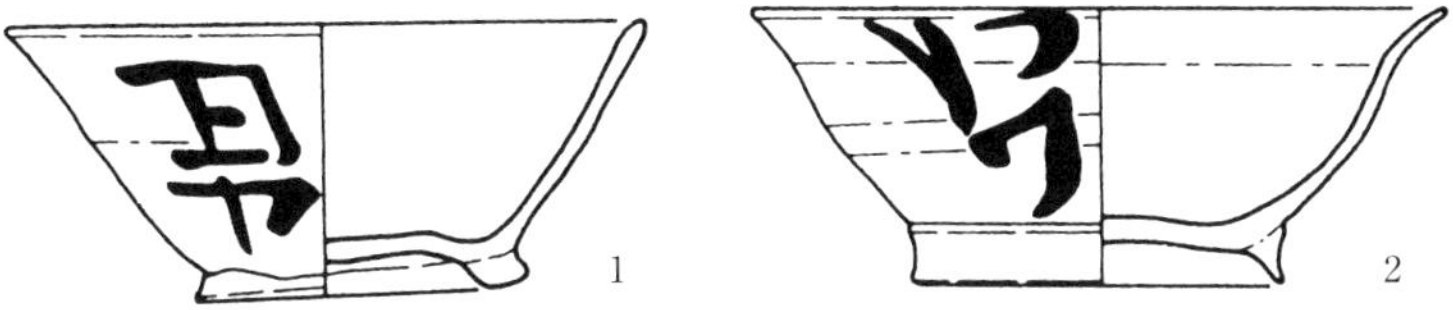

図88　下佐野遺跡出土「田部」銘墨書土器（1/6）

図89　下芝五反田遺跡出土「犬甘」銘銅印

の紀にかけて記したものとみて、六世紀がミヤケ設置の画期と考えられている。ミヤケについては、これまでに多くの研究がなされているが、その構成要素としては、田地・建物（倉庫）・耕作民からなり、経済的機能としては農産物収取の他に山林・鉱山・牧場・塩浜・港湾・軍事基地などを押さえていたとされる。部民制という人に対する支配に加えて、土地の支配も行うようになったのである。

　前橋市の中鶴谷遺跡では、ミヤケの田を耕作する田部や大田部を表したとみられる「田部」「大田」の墨書土器が多数出土しており、この付近にもかつてはミヤケがあったのではないかと推測されている。また、高崎市下佐野遺跡でも「田部」と読める墨書土器が出土していることから、下佐野遺跡周辺もかつてミヤケが設置されていたことを示唆しており、佐野三家の所在を裏づける一つ

図90　八幡八幡宮の杜

の資料となるものである。

このほかに、ミヤケにかかわるとみられる資料に正倉院宝物の調布墨書銘があり、群馬郡嶋名郷戸主嶋名部馬手の戸に「田部真辛人」がいたことが記されている。田部真辛人という名から辛人つまり渡来系の人物かとも思われる。高崎市綿貫町にある六世紀後半の前方後円墳の観音山古墳がつくられた地域であり、ミヤケの存在が想定されるのである。さらに、高崎市箕郷町の下芝五反田遺跡では平安時代の水田耕作土中からミヤケにかかわる氏族である犬養を表す「犬甘」と刻まれた銅印が出土している。

このように、佐野三家・緑野屯倉以外にも史料上知られていないミヤケが上毛野に存在したことが十分考えられるのである。そして、若田の地名と八幡中原遺跡や八幡遺跡などの充実した内容の遺跡分布、そして、観音塚古墳の勢力範囲を考えたとき、そこにミヤケを想定することもあながち否定はできないだろう。八幡町にある八幡（板鼻）八幡宮は源頼義の奥羽征討にはじまり、中世に板鼻は八幡庄の拠点となり、東山道と鎌倉道の合流する交通の要衝である。新田義貞の鎌倉攻めの際に、甲斐・信濃の軍勢は八幡庄で合流したのである。八幡神の加護を期待すると同時に、軍勢を結集させるに適した拠点であったからである。

これらのことから、片岡郡の設置は佐野三家と同時に、若田付近を中心とした強大なミヤケをも分割して、その勢力を抑制するために置かれたものと考えられるだろう。観音塚古墳の勢力圏は片岡郡・碓氷郡・群馬郡に分割され、碓氷川と烏川の合流点付近は若田郷などの片岡郡、碓氷川流域と片岡郡の北西方は碓氷郡、烏川の左岸は主として群馬郡となったのである。

Ⅵ　上野三碑の評価と今後の課題

本書は群馬県内に所在し、上野三碑とよばれる山ノ上碑、多胡碑、金井沢碑について、先学の成果に学びつつ、考古資料を手掛かりにそれぞれ検討を加えてきた。

山ノ上碑は、山ノ上古墳との関係から「佐野三家」の管掌者の子孫である放光寺の僧長利が母である「黒売刀自」のために記した墓誌である。「佐野三家」のようなミヤケは大化改新で部民とともに廃止されたにもかかわらず、依然として山ノ上碑にはその動向が記されていることから、地域において大きな力を保持していたことがわかる。山ノ上碑の形態や書風からは朝鮮半島の影響が認められ、でえせえじ遺跡の複弁蓮華文軒丸瓦の文様に新羅的要素が認められることや、吉井連を賜姓された新羅人子午足の存在からも、建碑にあたって渡来人の影響を認めることができる。また、大和の技術を導入した截石切組積石室を採用した山ノ上古墳から、佐野三家が中央と深いかかわりをもっていたことがわかった。さらに、でえせえじ遺跡や田端遺跡などの同笵軒丸瓦の分布圏が佐野三家の勢力範囲と考えられ、碑文にみえる放光寺は、遺跡の状況や出土遺物などから前橋市総社町に所在する史跡山王廃寺跡であることを明らかにした。

多胡碑は、上野国の片岡郡・緑野郡・甘良郡の内から三〇〇戸を割いて、新たに多胡郡を建郡したことを記した碑である。これは、『続日本紀』の三郡から六郷を割いた記述とも符合するものである。碑文にみられる「弁官符」と称する文書様式は他に例がなく、それについては諸説があるが、多胡郡の設置については当時の全国的な地域編成の問題としてとらえることができる。また、碑文の「給羊」の解釈として、羊を人名とみれば新羅人子午足のような渡来人を想定することもできる。多胡碑は多胡郡を建郡した在地豪族が中央政府や国司との密接な関係を誇示したものであり、法隆寺の食封である山部郷の変遷と上宮王家や蘇我氏といった中央の影響について明らかにした。さらに、上野国分寺出土の文字瓦に記された郷名や氏族名から、その修造に多胡郡の氏族が大きくかかわった様子をみた。そして、多胡建郡の意義について佐野三家とのかかわりから考えてみた。

金井沢碑は、群馬郡下賛郷高田里の「三家子□」が中心となって「七世父母現在父母」のために「知識」を結んだものである。碑文にみえる三家氏は、地理的に近接する山ノ上碑の佐野三家の管掌氏族とみることができる。また、短期間に施行された郷里制の存在を示す貴重な在地資料でもある。三家にかかわる氏族として物部・礒部・他田部が記されており、出土文字資料等からは物部を中心とし、壬生部、額田部、秦人（部）ら渡来系を含む多くの氏族が認められ、上宮王家や蘇我氏にかかわりの深い地域であることもわかってきた。

また、佐野三家については『日本書紀』安閑天皇二（五三六）年の記事にみられるようなミヤケの設置の流れのなかでとらえることができ、東国のミヤケの具体的なあり方を示すものである。『日本書紀』によれば、大化改新でミヤケは廃止されたわけだが、山ノ上碑、金井沢碑には依然としてその動向が記されている。このほかに、片岡郡の若田郷（現在の高崎市若田町・剣崎町あたり）には、観音塚古墳を中心に強大な勢力の存在が想定され、若田の地名や広範な水田、そして大和に直結した古墳築造技術の導入などからみて、ミヤケが置かれていた可能性を指摘した。これらの勢力が積極的に渡来系の人びとを取り込んで、建碑や窯業生産、絹織物等の大陸の文化の吸収と、先進技術の導入を図ったのであろう。そして、片岡郡は佐野三家と若田郷付近のミヤケがそれぞれ押さえていた、鏑の谷と碓氷の谷の口をあわせて取り込んだ、きわめて政治的な郡であったと考えたのである。

上野三碑について、碑文や用語の解釈はさておき、古代の金石文が存在することが非常に稀であるにもかかわらず、なぜに、これら三碑が上野国の律令制下の多胡郡にあたる、ごく限られた地域に存在するのか、という問題についての十分な説明はなされていないのが現実である。それは、関口功一もいうように、ミヤケの動向を踏まえ、それぞれの碑がまったく無関係に建立されたわけではなく、和銅四（七一一）年の多胡郡の設置に集約されるような特殊な在地の動向に連動して、おのおのの歴史的意義を内包しながら順次建立されていったとも考えられるのである。そこで、周辺の遺跡の再検討をさらに進め、官衙的な遺構や出土文字資料、さらには渡来系の要素をもつ出土品等に注目し、当該地域の成立とその展開を解明していくなかで、上野三碑建立の背景に迫っていきたい。また、上野三碑に対する地域住民の関心は高いとはいえず、その一層の理解と活用を図るため、学校教育や生涯学習との連携を進めていくような検討も行っていきたい。そして、多胡郡衙の位置を明らかにし、その構造をとらえるような計画的な確認調査の実施が望まれるところである。これらの点に関しては、今後の課題として引き続き取り組んでいきたい。

上野三碑見学ガイド

【多胡碑記念館】

住　　所　〒370-2107　群馬県多野郡吉井町池1085
問い合せ　電話027-387-4928　FAX027-387-8726
開館時間　午前９時30分～午後５時（入館は４時30分まで）
休 館 日　月曜日（祝日の場合は翌日）、12月28日～１月４日
観 覧 料　大人200円、大学生100円、高校生以下無料
交通案内　上信電鉄吉井駅下車、徒歩20分
　　　　　車で上信越自動車道吉井IC下車、高崎方面へ約10分
展示内容　上野三碑、高句麗好太王碑などの国内外の石碑の拓本多数
　　　　　上野三碑、那須国造碑の複製
収 蔵 品　多胡碑研究資料、書道史研究資料、古代文字研究資料等
※特別史跡多胡碑の隣接地に建設されているので、覆屋内の多胡碑と併せて見ることができる。

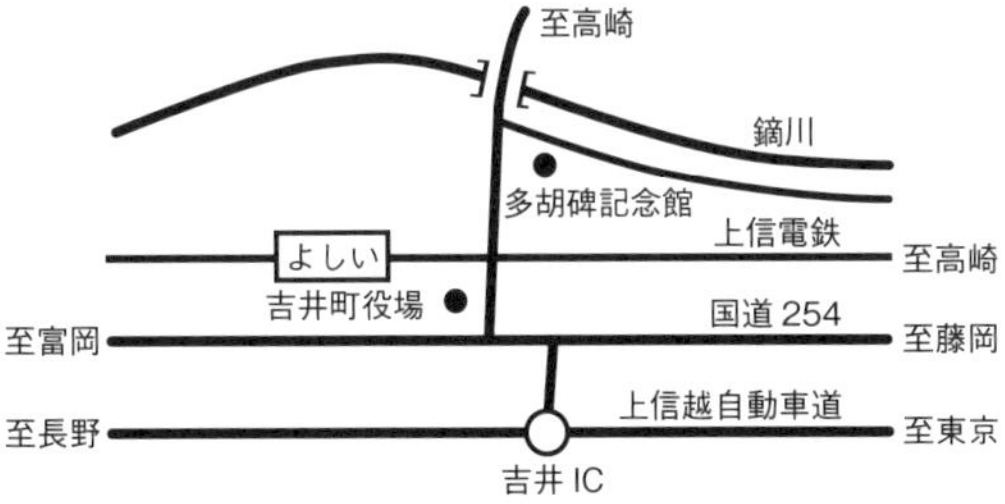

【山ノ上碑】

所 在 地　高崎市山名町山神谷2104
交通案内　上信電鉄山名駅下車、徒歩20分
問い合せ　高崎市教育委員会文化財保護課　電話027-321-1291

【金井沢碑】

所 在 地　高崎市山名町金井沢2334
交通案内　上信電鉄根小屋駅下車、徒歩20分
問い合せ　高崎市教育委員会文化財保護課　電話027-321-1291

※なお、各碑の所在位置については、本文図19を参照のこと。

参考文献

秋池　武　二〇〇五「多胡碑の石材的検討」『古代多胡碑と東アジア』山川出版社
安中市　二〇〇一『安中市史』第四巻　原始古代中世資料編
池邊　彌　一九八一『和名類聚抄郡郷里駅名考證』吉川弘文館
石上英一　一九九三「部・屯倉・評」『新版古代の日本』1、角川書店
石川正之助　一九八八「物部君・礒部君・石上部君」『群馬県立歴史博物館紀要』九号
石田茂作　一九三六『飛鳥時代寺院址の研究』一九七七年再刊、第一書房
稲垣晋也　一九八一「新羅の古瓦と飛鳥・白鳳時代古瓦の新羅的要素」『新羅と日本古代文化』吉川弘文館
井上通泰　一九四三『上代歴史地理新考』東山道上野国
岩本次郎　一九九二「木上と片岡」『木簡研究』第一四号
上原真人　二〇〇三「初期瓦生産と屯倉制」『京都大学文学部研究紀要』四二号
大江正行　一九八八「考察」『田端遺跡』群馬県教育委員会・群馬県埋蔵文化財調査事業団
岡田隆夫　一九九一「上野国の条里制」『群馬県史』通史編2　原始古代2　特論
尾崎喜左雄　一九五四「群馬県多野郡でえせえじ廃寺址」「群馬県高崎市乗附廃寺址」『日本考古学年報』第2号
尾崎喜左雄　一九六六『横穴式古墳の研究』吉川弘文館
尾崎喜左雄　一九六七『多胡碑』中央公論美術出版
尾崎喜左雄　一九七四『上野国神名帳の研究』尾崎先生著書刊行会
尾崎喜左雄　一九八〇「多胡碑の研究」「山ノ上碑及び金井沢碑の研究」『上野三碑の研究』尾崎先生著書刊行会
香芝市二上山博物館　一九九九『尼寺廃寺の瓦』
勝浦令子　一九九九「金井沢碑を読む」『東国石文の古代史』吉川弘文館

加藤謙吉　一九八三『蘇我氏と大和王権』吉川弘文館
加藤謙吉　一九九九「上野三碑と渡来人」『東国石文の古代史』吉川弘文館
加藤謙吉　二〇〇〇『秦氏とその民』白水社
狩野　久　一九九〇「額田部連と飽波評」『日本古代の国家と都城』吉川弘文館
唐澤保之　一九九一「古代群馬におけるミヤケの一考察」『群馬県立歴史博物館紀要』一二号
岸　俊男　一九八八「山部連と斑鳩の地」『日本古代文物の研究』塙書房
黒板勝美　一九二六「上野三碑調査報告」『史蹟精査報告書』一
群馬県　一九三六『上毛古墳綜覧』
群馬県　一九八一『群馬県史』資料編3　原始古代3　古墳
群馬県　一九八五『群馬県史』資料編4　原始古代4　文献
群馬県　一九九一『群馬県史』通史編2　原始古代2
群馬県教育委員会　一九八九『史跡上野国分寺跡発掘調査報告書』
群馬県教育委員会　一九九九『上西原遺跡』
群馬県教育委員会・群馬県埋蔵文化財調査事業団　一九八八『下佐野遺跡』
群馬県立歴史博物館　一九八一『群馬の古代寺院と古瓦』
群馬県立歴史博物館　一九九四『日本三古碑は語る』
国立歴史民俗博物館　一九九七『古代の碑』
佐伯有清　一九七〇「子代・名代と屯倉」『古代の日本』7、角川書店
鷺森浩幸　二〇〇〇『日本古代の王家・寺院と所領』塙書房
佐藤　信　一九九九「古代東国の石文とその背景」『東国石文の古代史』吉川弘文館
佐藤　信　二〇〇五「多胡碑と古代東国の歴史」『古代多胡碑と東アジア』山川出版社

篠川　賢　一九九九　「山上碑を読む」『東国石文の古代史』吉川弘文館
白石太一郎　二〇〇三　「山ノ上古墳と山ノ上碑」『古墳時代の日本列島』青木書店
杉村邦彦　二〇〇五　「多胡碑の朝鮮・中国への流伝について」『古代多胡碑と東アジア』山川出版社
関口功一　一九八四　「上野国多胡郡山部郷に関する覚書」『信濃』第三六巻第一一号
関口功一　一九八六　「大宝令制定前後の地域編成政策」『地方史研究』第三六巻三号
関口功一　一九九一　「山ノ上碑の研究と問題点」「多胡碑・金井沢碑の研究と問題点」「多胡郡の設置」『群馬県史』通史編2　原始古代2
関口功一　一九九二　「観音塚古墳の史的背景」『観音塚古墳調査報告書』高崎市教育委員会
専修大学文学部考古学研究室　二〇〇三　『剣崎長瀞西5・27・35号墳』
高崎市　一九九九　『新編高崎市史』資料編1　原始古代1
高崎市教育委員会　一九八九　『特別史跡金井沢碑・山上碑及び古墳保存対策検討の報告』
高崎市教育委員会　一九九八　『豊岡後原Ⅰ・Ⅱ遺跡』
高崎市教育委員会　二〇〇二　『剣崎長瀞西遺跡Ⅰ』
高島英之　一九九九　「多胡碑を読む」『東国石文の古代史』吉川弘文館
田熊信之　一九八三　『上毛多胡郡碑』中国・日本史学文学研究会
舘野和己　一九七八　「屯倉制の成立」『日本史研究』第一九〇号
舘野和己　一九九二　「畿内のミヤケ・ミタ」『新版古代の日本』5、角川書店
津金澤吉茂　一九八三　「古代上野国における石造技術についての一試論」『群馬県立歴史博物館紀要』四号
土屋文明　一九四四　『萬葉集上野國歌私注』煥乎堂
東野治之　一九八三　「上野三碑管見」『日本古代木簡の研究』塙書房
東野治之　一九八四　「大宝令前の官職をめぐる二、三の問題」『日本古代の都城と国家』塙書房

東野治之　一九八五「山部郷と山字郷」『群馬県史』資料編4　原始古代4　群馬県史のしおり
東野治之　一九九一「山ノ上碑銘文の解釈」「山ノ上碑の書風と形態」「多胡碑銘文の解釈」「金井沢碑銘文の解釈」『群馬県史』通史編2　原始古代2
東野治之　二〇〇五「多胡碑再考」『古代多胡碑と東アジア』山川出版社
東北歴史博物館　二〇〇一『ふるきいしぶみ』
直木孝次郎　一九七四「政治と文化の展開」『兵庫県史』第一巻
仲川恭司　二〇〇五「多胡碑碑刻文字からの検討と考察」『古代多胡碑と東アジア』山川出版社
奈良県立橿原考古学研究所　一九九三「新益京横大路発掘調査報告書」（『奈良県遺跡調査概報一九九二年度』）
奈良国立文化財研究所　一九七五『平城宮木簡二』
奈良国立文化財研究所　一九九二『飛鳥・藤原宮発掘調査概報二二』
奈良国立文化財研究所　一九九七『平城京木簡一　長屋王家木簡一』
仁藤敦史　一九九九「古代東国石文の再検討」『東国石文の古代史』吉川弘文館
花谷　浩　一九九五「丸瓦作りの一工夫」『文化財論叢Ⅱ』
平野邦雄　一九六一「秦氏の研究」『史学雑誌』七〇巻三・四号
平林章仁　二〇〇〇「王寺の古代寺院と聖徳太子」『新訂王寺町史』本文編
前沢和之　一九八三「『上野国交替実録帳』の性格について」『日本歴史の構造と展開』山川出版社
前沢和之　一九八五「山上碑銘」「多胡碑銘」「金井沢碑銘」『群馬県史』資料編4　原始古代4
前沢和之　一九八六「史跡上野国分寺跡出土の文字瓦について」『日本歴史』四五四号
前沢和之　二〇〇五「多胡碑と古代の地方政治」『古代多胡碑と東アジア』山川出版社
前原豊・関口功一　一九九〇「前橋市中鶴谷遺跡出土の『田部』の墨書のある土器」『古代文化』第四二巻第二号
前橋市教育委員会　一九七六〜八二『山王廃寺跡発掘調査報告』2〜7

松嶋順正　一九七八　『正倉院寳物銘文集成』吉川弘文館
松田誠一郎他　二〇〇〇　「山王廃寺出土の塑像等について」『山王廃寺』前橋市埋蔵文化財発掘調査団
松田　猛　一九八四　「山王廃寺の性格をめぐって」『群馬県史研究』第二〇号
松田　猛　一九九一　「上毛野における古代寺院の建立」『信濃』第四三巻第四号
松田　猛　一九九三　「出土文字資料からみた上野国の古代氏族」『地方史研究』第二四三号
松田　猛　一九九七　「上野国分寺文字瓦の再検討」『ぐんま史料研究』第九号
松田　猛　一九九九　「佐野三家と山部郷―考古資料からみた上野三碑」『高崎市史研究』第一一号
松田　猛　二〇〇四　「上野国片岡郡についての基礎的研究」『高崎市史研究』第一九号
右島和夫　一九八九　「7世紀における古墳の変容」『考古学ジャーナル』三〇七号
右島和夫　一九九四　『東国古墳時代の研究』学生社
右島和夫　二〇〇一　「安中市における古墳時代の概観」『安中市史』第四巻原始古代中世資料編
右島和夫　二〇〇三　「古墳から見た高崎市域の古墳時代」『高崎市史』通史編1　原始古代
右島和夫　二〇〇三　「切石積石室　上野と畿内」『古代近畿と物流の考古学』石野博信編　学生社
右島和夫・土生田純之・曺永鉉・吉井秀夫　二〇〇三　『古墳構築の復元的研究』雄山閣
森田　悌　一九八九　「上野国多胡建郡碑の弁官符について」『続日本紀研究』二六六号
山本隆志　二〇〇〇　「八幡庄・板鼻の軍事的位置」『新編高崎市史』通史編2　中世
渡辺晃宏　一九九一　「長屋王家の経済基盤」『平城京長屋王邸宅と木簡』吉川弘文館
楊　守敬　一八七七　『楷法溯源』

図版出典・許可等一覧（書名・論文名は参考文献を参照。筆者作成・撮影のものは割愛した）

口絵1頁　上毛新聞社提供
口絵2頁　高崎市教育委員会提供
口絵3頁　上毛新聞社提供
口絵4頁　上毛新聞社提供
図2　東国古文化研究所
図3　群馬県教育委員会
図4　群馬県一九九一に加筆
図7　高崎市教育委員会一九八九より
図9　群馬県立歴史博物館提供
図11　東野治之一九九一より
図14　高崎市教育委員会提供
図15　高崎市一九九九に一部加筆
図17　高崎市教育委員会
図20　群馬県立歴史博物館
図22　群馬県教育委員会
図24　前橋市教育委員会
図26　前橋市教育委員会
図27　東京国立博物館
図28　前橋市教育委員会、都丸民司氏
図29　前橋市教育委員会
図30　前橋市教育委員会
図31　津金澤吉茂一九八三より
図32　住谷佳禹氏・前橋市教育委員会提供
図34　群馬県教育委員会
図37　藤岡市教育委員会提供
図38　仲川恭司二〇〇五より
図39　杉村邦彦二〇〇五より
図41　吉井町教育委員会提供
図42　秋池武二〇〇五に加除筆
図43　竹書房
図45　群馬県教育委員会
図48　群馬県教育委員会
図52　群馬県教育委員会
図53　群馬県教育委員会
図54　群馬県教育委員会
図55　群馬県教育委員会
図57　吉井町教育委員会
図58　東国古文化研究所
図61　正倉院事務所
図62　群馬県教育委員会
図68　高崎市教育委員会提供
図69　高崎市教育委員会一九八九より
図73　高崎市教育委員会
図74　群馬県教育委員会
図75　榛名神社
図81　高崎市教育委員会提供
図83　高崎市教育委員会提供
図85　群馬県一九八一並びに安中市二〇〇一に加筆
図88　群馬県教育委員会・群馬県埋蔵文化財調査事業団一九八八より
図89　群馬県教育委員会

あとがき

最近の群馬県内の古代史・考古学において大いに注目されているのは、伊勢崎市の三軒屋遺跡と太田市の天良七堂遺跡である。古代の郡衙跡としての実態が解明されて、その保存が叫ばれ、郡の構造や性格にまで関心が向けられている。ところが、これとは対照的に、県内の四つの郡が市町村合併によって姿を消してしまった。平成の大合併は、本県においても一九五五（昭和三十）年以来の大きな地域再編成として進められた。これによって、古代から千何百年にもわたってほとんど変わらずつづいてきたであろう郡の領域は変更となった。『和名類聚抄』や『延喜式』によれば、碓氷・甘楽・緑野・多胡・片岡・群馬・勢多・那波・佐位・吾妻・利根・新田・山田・邑楽の一四の郡名が記されている。これまでに、多胡郡と緑野郡とで多野郡、佐位郡と那波郡とで佐波郡となり、すでに片岡郡はなくなっていたため、今回の合併前には県内の郡は一一になっていた。

このうち、新田郡内四町のうち三町が太田市と合併し、群馬郡の三町一村はいずれも高崎市と合併し、一郡一町であった碓氷郡松井田町は隣接する安中市と合併し、同じく一郡一町の山田郡大間々町は新田郡のもう一町である笠懸町と勢多郡東村と合併し新たな市を興した。このように、平成の大合併により古代よりつづいてきた郡名である碓氷郡、群馬郡、新田郡、山田郡の四郡が姿を消したのである。

古代における地域の再編成として著名なものが、本書で取り上げた多胡郡の設置である。これは、甘楽・緑野・片岡の三郡から六郷を割いて新郡を置くという、政策としての再編であった。現代の地域の再編成が部分的にしろ自主的、民主的に進められているのとは大きく異なっていた。ところで、多胡碑の所在する多野郡吉井町も高崎市と合併が決まり、話し合いを進めている。かつての多胡郡のように高崎市に三碑がすべて所在するという日がまもなく訪れようとしている。

最後に、本書執筆にあたり、つねに暖かい励ましと多くの示唆を与えてくださった右島和夫氏に感謝申し上げます。また、本書はおもに参考文献に掲げた著者の諸論考にもとづいているが、これらは、石川正之助、前沢和之、東野治之、関口功一の各氏のさまざまなご支援とご教示によって成ったものであり、あらためて、ここに感謝いたします。さらに、写真収集に援助いただいた深澤敦仁氏にお礼申し上げます。

菊池徹夫
坂井秀弥　企画・監修「日本の遺跡」

36　上野三碑《こうずけさんぴ》

■著者略歴■

松田　猛（まつだ・たけし）

1956年、群馬県生まれ
群馬大学教育学部社会科学科卒業
現在、群馬県教育委員会文化財保護課長補佐
主要著書等
『群馬県史　通史編2　原始古代2』（編著）群馬県　1991年
「出土文字資料からみた上野国の古代氏族」『地方史研究』243号　1993年
『新版　群馬県の歴史』（共著）山川出版社　1997年
『群馬県の史跡　原始古代編』（編著）群馬県教育委員会　2001年
『新編高崎市史　通史編1　原始古代』（共著）高崎市　2003年

2009年4月10日発行

著　者　松田　　猛
発行者　山脇洋亮
発行所　㈱同成社
〒102-0072　東京都千代田区飯田橋4-4-8
東京中央ビル内
TEL 03-3239-1467　振替 00140-0-20618
印　刷　亜細亜印刷㈱
製　本　協栄製本㈱

ISBN978-4-88621-473-7 C3321

シリーズ　日本の遺跡

菊池徹夫・坂井秀弥　企画・監修　　四六判・定価各1890円

【既刊】